D1731589

Nach der Uraufführung von Tom Stoppards «Akrobaten» («Jumpers») am 2. Februar 1972 im Londoner National Theatre mit Diana Rigg und Michael Hordern in den Hauptrollen unter der Regie von Peter Wood schrieb die «Sunday Times»: «... Tom Stoppard schreibt mit einer Brillanz, einer intelligenten Behendigkeit, einer Inhaltsfülle und Aussagekraft, die auf zeitgenössischen Bühnen ihresgleichen sucht.» Die deutschsprachige Erstaufführung des inzwischen mehrfach «als das beste Stück des Jahres 1972» ausgezeichneten Schauspiels wird vom Wiener Burgtheater für den Herbst 1973 vorbereitet. Es folgt im Frühjahr 1974 eine Aufführungsserie von «Akrobaten» am Züricher Schauspielhaus.

Im Mittelpunkt der Handlung stehen der Philosophieprofessor George, der – umgeben von einer Schildkröte, einem Goldfisch und einer freizügigen Sekretärin – unerschütterlich auf der Suche nach der Existenz Gottes ist, und Dotty, seine Frau, die als ehemaliger Musicalstar die Frustrationen über den Verlust ihres zu früh verblaßten Ruhmes mit Hilfe ihrer durchaus noch greifbaren Reize zu kompensieren sucht. Zwischen Georges Arbeitszimmer und Dottys Schlafgemach bewegt sich das turbulente Geschehen, das mit der Ermordung eines Partygastes beginnt. Das Opfer war zu Lebzeiten Professor für Ethik und zusammen mit einigen Kollegen von Dotty als Artist für ihre Party engagiert. Der tote Gelehrte, wie die anderen Professoren zu Sprüngen in vielfältigstem Sinne befähigt, ruft einen Inspektor auf den Plan, der seinerseits dazu dient, Stoppards ironisch-bissiger Zeitsatire eine weitere Facette hinzuzufügen. «... Nur scheinbar ist das wirr, etwas grell – Abstraktion und Einfühlung. Artistischer Spaß und diskrete Tragödie. Stoppard läßt sein vitales Bühnentalent sehr überlegt explodieren und denkt wie stets imponierend um mehrere Ecken herum. Die massive Groteske handelt am Ende denn doch von nichts anderem als der Existenz Gottes und dem Gottesbegriff in Zeiten, da Menschen auf dem Monde wandeln ...» (Christian Ferber in «Die Welt»).

Tom Stoppard, am 3. Juli 1937 in der Tschechoslowakei geboren und in Indien und England aufgewachsen, verließ mit 17 Jahren die Schule, um Journalist zu werden. Zunächst arbeitete er als Reporter und Redakteur in Bristol, dann vor allem als Theater- und Filmkritiker in London. Sein erstes Theaterstück «Der Spleen des George Riley» («A Walk on the Water», 1963), im englischen Fernsehen ausgestrahlt und auch bei uns auf der Bühne und auf dem Bildschirm gezeigt, machte auf ihn aufmerksam. 1964 nahm Stoppard in der Arbeitsgruppe des Dramatikers James Saunders, dem er sich eng verbunden fühlt, am Literarischen Colloquium in Berlin teil. – In der Folge entstanden mehrere Hör- und Fernsehspiele, 1966 erschien der Roman «Lord Malquist and Mr. Moon». «Rosenkranz und Güldenstern» («Rosencrantz and Guildenstern are Dead») (rororo theater Nr. 1040) kam 1966 als Aufführung der Oxford Theatre Group beim Edinburgh Festival heraus. Die repräsentative Londoner Premiere war dann am 11. April 1967 das Sprungbrett zum internationalen Erfolg; allein in Deutschland gab es mehr als 20 Bühneninszenierungen. 1968 erschien das Kurzdrama «Der wahre Inspektor Hound» («The real Inspector Hound»), dem 1970 der Einakter «After Magritte» folgte. Mit «Akrobaten» («Jumpers») schrieb Stoppard sein neuestes abendfüllendes Schauspiel.

TOM STOPPARD

Akrobaten
(Jumpers)

SCHAUSPIEL

ROWOHLT

Titel der Originalausgabe «Jumpers»
Aus dem Englischen übertragen von HILDE SPIEL
Umschlagentwurf Werner Rebhuhn
(Foto: Diana Rigg in der Uraufführung des National Theatre,
London / Michael Childers)

DEUTSCHE ERSTAUSGABE

Veröffentlicht im Rowohlt Taschenbuch Verlag GmbH,
Reinbek bei Hamburg, November 1973
© Rowohlt Taschenbuch Verlag GmbH, Reinbek bei Hamburg, 1973
«Jumpers» © Tom Stoppard, 1971
Alle Rechte der Bühnenaufführung, der Übertragung durch Rundfunk
und Fernsehen sowie des öffentlichen Vortrags liegen beim
Rowohlt Theater-Verlag, Reinbek bei Hamburg
Satz Aldus (Linofilm-Super-Quick)
Gesamtherstellung Clausen & Bosse, Leck/Schleswig
Printed in Germany
ISBN 3 499 11678 2

PERSONEN

GEORGE
DOROTHY
ARCHIE
BEIN
CROUCH
SEKRETÄRIN
Die Springer, die auch spielen:
SCOTT
CLEGTHORPE
und
BEGLEITER
KAPLÄNE
TÄNZER

Das Stück hat zwei Akte und eine Coda, in die der zweite Akt ohne Pause übergeht.

VORBEMERKUNG DES AUTORS

Die erste Inszenierung von ‹Akrobaten› im Londoner National-theater fand auf einer Drehbühne statt. Dadurch mußte das Stück in verschiedenen kleinen Einzelheiten abgeändert werden, um glatte Übergänge zwischen dieser oder jener Szene zu schaffen. Es wäre unzweckmäßig, voneinander abweichende Fassungen für verschiedene Bühnen herzustellen, darum stütze ich mich wohl oder übel in diesem Manuskript auf die Inszenierung des Nationaltheaters, ungeachtet der Tatsache, daß die Bühnenanweisungen auf den Seiten II und III meinen ursprünglichen Vorstellungen von drei Spielflächen auf einer sehr großen Bühne entsprechen. Die Londoner Inszenierung machte auch andere Änderungen nötig: In der Schlafzimmerszene wurde die Leiche nicht an die Hinterseite der Tür, sondern in einen Schrank gehängt, der aufsprang, wenn die Schlafzimmertür zugeworfen wurde. Der Pfeil wurde in einen großen Wandschrank hineingeschossen, nicht über einen Garderobenschrank hinweg, usw. Ich habe auch die Regieanweisungen beibehalten, die den Bildschirm (für Film und Diapositive) betreffen, wie ihn das Nationaltheater verwenden konnte, aber ein solcher Bildschirm – der die Wand bedeckte – ist keineswegs unerläßlich für die Abwicklung des Stücks.

Das Stück spielt auf drei Spielflächen, im Arbeitszimmer, im Schlafzimmer und im Vorraum.

Ein Bildschirm füllt, wenn möglich, den Hintergrund der ganzen Bühne. Film und Diapositive werden auf diesen Schirm in einem Ausmaß projiziert, das es den Schauspielern und dem Bühnenaufbau erlaubt, die Bilder teilweise abzudecken, ohne sie entscheidend auszulöschen.

Es ist wichtig, daß das Schlafzimmer völlig verdunkelt werden kann, während die Handlung auf einer anderen Spielfläche weitergeht. Wo dies nicht durch die Beleuchtung allein erreicht werden kann, könnte man das Schlafzimmer ständig mit Gazewänden umgeben; das Heben und Fallenlassen eines Gazevorhangs wird jedoch nicht angeraten. Falls möglich, kann man es auf einer Drehbühne verschwinden lassen.

Zur Grundlage der im Stück gegebenen Bühnenanweisungen mache ich die folgende Anordnung:

Die Wohnungstür ist hinten in der Mitte. Der Vorraum geht im rechten Winkel ab: ein Korridor, der von der Wohnungstür zur Rampe herunterläuft und sich dann entlang der Rampe links vom Zuschauer hinzieht, um in den linken Trakt zu münden, der zur Küche, zum Salon usw. führt.

Das Arbeitszimmer nimmt den ganzen Raum rechts vom Vorraum und der Wohnungstür ein.

Das Schlafzimmer nimmt den Rest der Bühne ein, das heißt die Fläche außerhalb des umgekehrten L-Aufrisses des Vorraums.

Die Wohnung gehört GEORGE, einem Professor für Ethik, der mit DOROTHY – einem bekannten Musical-Star, deren Karriere vorzeitig endete – verheiratet ist. Der allgemeine Lebensstandard ist, wie man vermuten darf, mehr dem Musical als der Moralphilosophie zu verdanken; das gilt besonders für das mit Teppichen ausgelegte Schlafzimmer, in dem ein Fernsehgerät mit vollelektronischer Fernsteuerung steht; überdies ein Plattenspieler, zwei elegante Stühle mit gerader Rückenlehne und ein bequemer, gepolsterter Lehnstuhl, ein Goldfischglas mit einem einzigen Goldfisch und ein Himmelbett, dessen Vorhänge ringsherum zugezogen werden können. Die Wirkung ist elegant, feminin, kostspielig. Das Schlafzimmer hat zwei Türen, eine davon führt zur Linken vom Zuschauer in die Kulisse (das unsichtbare Badezimmer), die andere in den Vorraum. Diese zweite Tür muß solide gebaut sein. Sie geht nach innen auf, die Angeln zur Hinterbühne hin, so daß, wenn diese Tür weit offen steht, ihre Innenseite vor dem Publikum verborgen ist. Das Zimmer hat auch einen falschen Balkon; außen davor befindet sich eine Brüstung; von ihm sieht man auf die Straßen und den Himmel, denn die Wohnung befindet sich im Oberstock eines großen, altmodischen, aber neu eingerichteten und umgebauten Hauses.

Das Arbeitszimmer enthält eine Chaiselongue, entlang der

Hinterwand, Bücherregale über dem Bett, einen Schreibtisch und einen Stuhl für die Sekretärin, und einen größeren Schreibtisch für George, der an die Rampe gerückt ist. An der Kulissenseite des Zimmers steht ein hoher Schrank (oder ein Garderobenschrank). Daneben hängt ein kleines Waschbecken mit einem Spiegel. Das Zimmer enthält irgendwo auch ein Tonbandgerät; einen Bogen und Köcher mit Pfeilen sowie eine Zielscheibe, die nicht ganz einen Meter Durchschnitt hat, sowie eine kleine Holzkiste, in der eine kleine Schildkröte leben könnte, und eine große Holzkiste, in der ein Kaninchen leben könnte. Eine Tür führt in den Vorraum. Das Fenster kann als in der vierten Wand befindlich angenommen werden, aber nicht über dem Schreibtisch, denn dieser Platz wird von einem großen (wiewohl nur in der Vorstellung existierenden) Spiegel ausgefüllt. Georges Schreibtisch ist, sobald wir ihn wahrnehmen, mit einem Haufen von Büchern und Manuskripten bedeckt, in einem Becher stecken Bleistifte.

All das ist jedoch während der ersten paar Minuten des Stücks unsichtbar. Für sie benötigen wir einen leeren Raum.

DIE PERSONEN

GEORGE ist zwischen 40 und 50, und immer noch attraktiv genug, um es völlig glaubhaft zu machen, daß er mit DOTTY verheiratet ist, die zehn oder fünfzehn Jahre jünger ist als er und wunderschön.

ARCHIE ist ein Geck, so alt wie George oder älter.

INSPEKTOR BEIN ist ein Mann in mittleren Jahren, nachlässig gekleidet.

CROUCH ist alt und klein und geht ein wenig gebückt.

DIE SEKRETÄRIN ist jung und hübsch, aber ihr Gesicht ist verschlossen, fast verbissen, selbst bei ihrem ersten Auftritt, in dem sie einen Striptease vollführt.

Die Springer tragen alle die gleiche gelbe Kleidung — Trainingshosen und Leibchen —, und obwohl sie auf den ersten Blick überzeugend wirken, sind sie doch nicht durchweg so jugendlich oder sportlich, wie man es erwarten sollte.

9

ERSTER AKT

Die erste Szene spielt, wie sich später herausstellt, in dem sehr großen und sehr hohen Salon der Mooreschen Wohnung, aber das soll noch nicht erkennbar sein. Der Raum ist so beleuchtet, daß seine Eigenart kaum hervortritt. Es könnte sogar ein Traum sein – ganz wie Georges Traum am Ende des Stückes.

Archie *unsichtbar*: Und jetzt, meine Damen und Herren, zur Feier dieses epochalen Wahlsiegs darf ich Ihnen unsere Gastgeberin präsentieren, die zu unserer großen Freude wieder vor uns erscheint – der vielgeliebte, langentbehrte Musical-Star, die unvergleichliche, faszinierende Dorothy Moore!

Dotty tritt auf. Viel Beifall.

Dotty: Danke, danke Ihnen allen, daß Sie gekommen sind. *Musikalischer Auftakt zu «Shine on Harvest Moon». Sie bleibt sofort stecken.*

Und jetzt, zu Ihrer großen Freude, die unvergleichliche, unerläßliche, neurotische Dorothy Moore.

Beifall. Jubelrufe. Der Auftakt wird wiederholt.

Wie fängt's nur an?

Gäste hinter der Bühne singen «O schei-ne, schei-ne, Erntemond». Sie singt, verheddert sich aber sofort.

Wer liebt im Schnee – seit Frühlingswehn – mein Liebchen. *Bricht ab.* Nein, es geht nicht. Tut mir leid. *Und geht ab.*

Trommelwirbel.

Enttäuschte Ausrufe verwandeln sich in Schreie des Entzückens, denn die Sekretärin schwingt ins Scheinwerferlicht und verschwindet wieder. Sie sitzt auf einer Schaukel, schwingt von einer Seite der Bühne zur anderen, ist eine Sekunde lang im Licht, eine Sekunde lang nicht zu sehen, dann wieder eine Sekunde in Sicht, eine Sekunde nicht –

hin und her. Die Schaukel selbst hängt an einem Kron-
leuchter. Beifallsrufe. Jedesmal, wenn sie wieder auftaucht,
hat sie ein Kleidungsstück abgelegt.

Dankbare Beifallsrufe.

Crouch tritt von der Seite auf, der Portier des Hauses, den
man dazu gebracht hat, um ihn die Getränke auf der Party
servieren zu lassen. Er trägt eine kurze weiße Jacke und
balanciert ein rundes Tablett mit Gläsern auf einer
Hand.

Crouch will sich ins Blickfeld verirren; wohlgelaunte Stim-
men warnen ihn davor. Er weiß nicht, was vorgeht: immer
wenn er sich zur Vorderbühne wendet, ist die Sekretärin
hinter ihm zu sehen, und immer wenn er zur Hinterbühne
blickt, ist die Stelle leer.

STIMMEN *hinter der Bühne:* Aus dem Weg!

Achtung, im Rücken!

Aus dem Weg!

Nicht die Aussicht verstellen!

Crouch ist verwirrt.

Die Sekretärin entkleidet sich fast ganz. Die unsichtbaren
Beobachter werden immer hysterischer frustriert.

Auf dem Höhepunkt ihrer Rufe weicht Crouch zurück,
gerät in die Bahn der Schaukel und wird von einer nackten
Dame Hals über Kopf zu Fall gebracht.

Verdunklung und das Klirren zerbrochener Gläser. Sofort
darauf:

ARCHIE *unsichtbar:* Und jetzt, meine Damen und Herren –
die unglaublichen – noch nie dagewesenen – radikalllibera-
len – Springer!

Weißer Spot. Tusch.

Acht Springer, vier von jeder Seite, springen, Saltos und
Purzelbäume schlagend, auf die Bühne: eine nicht beson-
ders talentierte Truppe von Turnern, die möglicherweise
ein Sprungbrett benutzen.

Diskrete Musikbegleitung.

Nach ihren Solonummern fügen sie sich zu einem eher
anspruchslosen Gruppenbild zusammen.

DOTTY *tritt auf:* Das soll unglaublich sein? Ich muß schon

sagen, da sing ich besser als die. Ich meine, ich kann besser singen als die springen. *Dotty schlendert vor dem bereits auseinanderbrechenden Gruppenbild auf die Vorderbühne. Ihr blondes Haar ist elegant aufgesteckt, ihr weißes Kleid lang, flatternd und wogend . . . sie sieht phantastisch aus, überwältigend. Sie leert ihr Champagnerglas, wirft es über ihre Schulter in die Kulisse und wedelt die Springer mit einer Hand verächtlich fort. Gelassen:* Taugt nichts — euch glaubt man noch. *Sich an die Allgemeinheit wendend:* Ich will was Unglaubliches sehen!

George, Papierblätter in der Hand, ist bereits hinter ihr aufgetreten.

Während Dotty sich mit diesen beiden letzten Worten umwendet, steht er vor ihr und sie fährt fort, ohne einzuhalten: Rasche Bedienung, das lob ich mir. Ich muß mich beschweren. Diese Leute sollen unglaublich sein, und ich bin nicht einmal überrascht. Nicht einmal l e i c h t e r s t a u n t. Ich kann nicht nur besser singen als die springen, wahrscheinlich kann ich sogar höher springen, als die singen.

George ist keineswegs für eine Party gekleidet. Eine Flanelhose, eine abgetragene alte Wolljacke oder ein Hausjackett, das Haar verstrubbelt, sein Gesichtsausdruck und Gehaben vorwurfsvoll.

Die Springer produzieren sich weiter, helfen einander hartnäckig, Rückwärtssalti zu schlagen usw.

GEORGE Um Himmels willen! Es ist nach zwei Uhr nachts.

DOTTY *wendet sich zu der vermutlichen Quelle der Musik:* Gebt mir ein C.

George geht soweit, ihren Arm zu berühren.

Mit plötzlicher vernichtender Wut will sie auf ihn losgehen. Es ist m e i n e Party, George, verdammt noch mal.

George geht ab.

Ein Springer macht einen Salto mitten auf die Bühne in den Stand.

Dotty wieder gelassen: Das kann ich auch.

Ein zweiter Springer gesellt sich zu dem ersten.

Und das auch.

12

Ein dritter Springer springt auf die Schultern der beiden ersten.

Das kann ich nicht, aber mein Glaube ist unerschüttert, also raus mit euch. *Zu den unsichtbaren Musikern:* Ich sing das Ding vom Mond. Ihr kennt es doch sicher.

(Ein Wort über Dottys Song. Die Musiker versuchen, ihr zu folgen, aber sie scheitern an ihrer Unfähigkeit, zwischen diesem und einem anderen Song über den Mond zu unterscheiden und daran, daß Dotty immer wieder den Text des einen zur Musik des anderen singt. Die Musiker wechseln brav das Thema, aber Dotty überlistet sie immer wieder.)

Dotty singt: O schei-ne, schei-ne Erntemond
        Seit Winterszeit
        Hat's mich gereut
        Wer küßt im —

Nein, so war's nicht —

Singt: O schei-ne, schei-ne Silbermond
        O weh
        Da hat es Amor im Schnee
        Am blauen Golf —

Nein, ihr habt euch schon wieder geirrt —

Singt: O Mond
        Und Schweigen rings um uns her
        In einer Mondnacht am Meer —

(Die letzten Worte haben glücklicherweise Text und Musik von «Blue Moon» [«Mondnacht am Meer»] vereint.)

Ja, so geht's, so geht's.

Sie hat ihr Vertrauen wiedergewonnen, beginnt die Chanteuse zu spielen, schlendert zwischen den verbissen weiterturnenden Springern hin und her, bewegt sich zur Hinterbühne an ihnen vorbei und kommt zurück.

Singt: Es war
        In einer Mondnacht am Meer
        Die Nacht war rabenschwarz
        Seit Sommersonne so schwer
        Und Schweigen rings um uns her — —

Nein, nein — *Schreit die Springer an:* Schon gut, ich glaub euch! Ihr seid unglaublich. Aber jetzt ein anderer Song.

(Von jetzt an und bis ihr Auftritt durch die Ereignisse beendet wird, versammeln sich die Springer zu einer menschlichen Pyramide, die so formiert ist: Sechs Springer in einer Gruppe zu drei-zwei-eins, flankiert von den beiden letzten, die am Fuß der Pyramide Handstand machen. Sobald die Pyramide komplett ist, deckt sie Dotty vom Publikum ab.)

Singt: Und Schweigen rings in Tarent
　　　　Wer Winterwehn, Weidenbaum, Schmerzenslied
　　　　kennt –

Höhnisch: Springer hab ich jetzt genug gesehen, gelbe, grüne, alle Sorten. Unglaublich, kaum glaublich und verdammt glaublich – wenn ich sage: springt, dann springt doch!

(Ihr Ton sollte jetzt verraten, daß Dotty, die bisher heiter betrunken scheinen mochte, in Wahrheit einen geistigen Zusammenbruch erleidet. Und nach ihrem Standort im fast völligen Dunkel außerhalb des Scheinwerfers, der auf die Springer fällt, sollte es möglich sein, zu glauben, daß Dotty für das, was jetzt passiert, verantwortlich ist, nämlich:)

Ein Revolverschuß.

Ein Springer, der zweite von links in der untersten Reihe, wird aus der Pyramide herausgeworfen. Er fällt nach vorn, wobei die Pyramide noch intakt bleibt. Die Musik hat aufgehört zu spielen.

Dotty, ganz die Chanteuse, kommt durch die leere Stelle in der Pyramide herausgeschlendert.

Der erschossene Springer liegt zu ihren Füßen. Sterbend, zieht er sich an Dottys Beinen herauf. Sie blickt ihn überrascht an, während er sich an ihrem Körper hinaufrangelt. Sein Blut ist auf ihrem Kleid. Sie hält ihn unter den Achseln fest und blickt sich verstört um. Sie jammert:

Archie . . .

Die Pyramide schien sich während dieser letzten Sekunden über die Schwerkraft hinwegzusetzen. Jetzt zerbricht sie langsam ins Dunkel hinein, fällt über der leeren Stelle zusammen und rollt auseinander, es bleibt nur der leeren Raum im Scheinwerferlicht.

Dotty rührt sich nicht, sie hält den Springer.

ARCHIE *unsichtbar, man hört nur seine Stimme, während der Lärm der Party wiederkommt, höher angeschwollen:* Bitte um Ruhe ... die Party ist zu Ende ...

EIN BETRUNKENER *singt:* Zeit, nach Hause zu gehn ...

Dies löst eine Welle von Applaus und Beifallsrufen aus. Der Lärm der Party verebbt bis zur völligen Stille. Das Licht schmilzt zusammen bis auf einen Sucher, der auf Dotty und den Springer fällt, unheimlich. Die Zeit friert ein. Dotty hat sich noch nicht bewegt.

DOTTY: Archie ...

ARCHIE *hinter der Bühne:* O Gott!

DOTTY: Archie ...

ARCHIE: Versteck ihn bloß bis morgen früh. Ich komme wieder.

DOTTY: Archie ...

ARCHIE *hinter der Bühne:* Sch ... Um acht Uhr komm ich wieder.

Rings um Dotty setzt sich jetzt die Wohnung zusammen, Schlafzimmer, Arbeitszimmer, Vorraum. Das Licht des Scheinwerfers trifft jetzt den Bildschirm: aber er verändert sich und wird zu einer Landkarte des Mondes, von einem Satelliten aus aufgenommen. Die wohlbekannte, von Kratern durchlöcherte Scheibe. Zugleich hört man den leisen Ton der FERNSEHSTIMME, *zu leise, um verstanden zu werden. Das Bild verwandelt sich in eine Nahaufnahme der Oberfläche des Mondes. Wir sehen ein Fernsehprogramm über einen Vorgang auf dem Mond. Das Bild wechselt mehrmals — ein Astronaut, eine Rakete, ein Mondfahrzeug usw.*

Der Fernseher im Schlafzimmer ist angeschaltet. Dotty steht im Schlafzimmer. Sie hat sich nicht bewegt. Sie trägt das blutbefleckte Partykleid und hält eine Leiche in gelber Hose und Netzleibchen. Sie ist gefaßt, blickt sich um und versucht offenbar zu entscheiden, was sie mit der Leiche tun soll.

15

Im Arbeitszimmer sitzt George an seinem Schreibtisch und arbeitet; er legt Manuskriptseiten auf einen Stoß.
Die Wohnungstür geht auf.
Crouch tritt ein, er hat mit einem Hauptschlüssel aufgeschlossen. Er trägt jetzt nicht mehr die weiße Jacke, sondern den grauen Overall eines Portiers. Er hinkt leicht. Er singt leise vor sich hin ... «Sentimental Journey» — «Geh auf eine sentimentale Reise ... geh und bring mein Herz zur Ruh ... geh auf eine sentimentale Reise ...»
Dotty hat ihn gehört. Mit Hilfe der Fernsteuerung schaltet sie den Ton des Fernsehers leiser.

DOTTY: Schätzchen! ...

CROUCH: Ich bin's, gnädige Frau, Crouch. *Crouch geht weiter und ab zum Kücheneingang hin.*
Dotty setzt sich auf das Bett, die Leiche hängt schlaff über ihre Knie herunter. Sie blickt auf den Fernseher und schaltet den Ton lauter.

FERNSEHSTIMME: — in die Klemme geraten. Und so tritt denn Käptn Scott in der beschädigten Raumkapsel den Rückflug zur Erde an, der erste Engländer auf dem Mond, doch sein Triumph wird ewig überschattet sein von der Erinnerung an den Astronauten Oates, eine winzige, versinkende Gestalt, die ihm ein letztes, hilfloses Lebewohl zuwinkt aus der öden Wildnis der Mondlandschaft.
Dotty wechselt den Kanal.
Auf dem Bildschirm: ein großer Aufmarsch in den Straßen Londons, militärisch dem Geräusch nach (Blaskapellen), aber festlicher Natur: fünf Sekunden lang.
Dotty wechselt den Kanal.
Ein Werbespot: drei Sekunden lang.
Dotty wechselt den Kanal.
Wieder die Mondsendung.
— war der Entdeckung gefolgt, daß der Schaden beim Aufsetzen die Schubkraft der Triebwerke für den Rückstart erheblich eingeschränkt hatte. Millionen Zuschauer sahen die beiden Astronauten am Fuß der Leiter miteinander ringen, bis Oates von seinem Kommandanten niedergeschla-

gen wurde ... Käptn Scott hat sich nicht mehr über Funk gemeldet, seit er die Leiter hochzog und die Lukentür mit der Bemerkung schloß: «Ich geh jetzt hoch und bleib erst mal 'ne Weile.»

Dotty wechselt den Kanal.

Der Aufmarsch auf dem Bildschirm. Militärmusik.

Sie blickt düster und hilflos auf die Leiche. Sie entdeckt das Blut auf ihrem Kleid. Sie zieht das Kleid aus.

Crouch tritt aus der Küche ein, er trägt einen Mülleimer und einige leere Champagnerflaschen.

Dotty hört die Küchentür gehen. Sie stellt den Ton des Fernsehers leiser.

DOTTY: Wie spät ist es, Crouch?

CROUCH: Fast neun Uhr, gnädige Frau. *Crouch öffnet die Wohnungstür.*

Die Sekretärin eilt herein und zieht sich im Laufen ihren Mantel und Hut aus.

Crouch geht ab und schließt die Wohnungstür hinter sich.

Die Sekretärin betritt das Arbeitszimmer, schließt die Tür hinter sich, hängt ihren Hut und Mantel an einen Haken an der vorderen Seite des Garderobenschranks, setzt sich an ihren Schreibtisch und legt ihr Notizbuch und ihren Bleistift zurecht.

George hat weitergeschrieben, ohne aufzublicken.

DOTTY *sehr leise*: Hilfe! *Etwas lauter*: Hilfe!

George blickt auf und starrt gedankenverloren ins Publikum — in den Spiegel. Er schlägt die Augen wieder nieder und schreibt weiter.

Das Schlafzimmer ist dunkel.

George hört zu schreiben auf und erhebt sich. Seine Methode, Vorträge vorzubereiten, besteht darin, sie auf viele Papierblätter oder Zettel hinzukritzeln; diese Notizen diktiert er dann der Sekretärin, die sie später tippen wird. Beim Diktieren wendet sich George am liebsten an den großen Spiegel in der vierten Wand. Er beachtet die Sekretärin kaum. Jetzt schichtet George die Blätter zu einem ordentlichen Stoß, tritt einen Schritt vor dem Spiegel

17

zurück, nimmt eine entsprechende Haltung an und fängt mit der obersten Seite an . . .

GEORGE: Zweitens! *Er hat sich selbst hineingelegt. Er blickt sich um und stöbert das fehlende Blatt hinter seinem Schreibtisch auf.*

DOTTY *hinter der Bühne*: Hilfe!

GEORGE *wirft sich wieder in Pose*: Beginnen wir am Anfang – – –

DOTTY *hinter der Bühne. In höchster Panik*: Hilfe! Mord!

George wirft sein Manuskript auf den Schreibtisch und stapft wütend zur Tür.

Dotty hinter der Bühne: O Grausen! Grausen! Grausen! Jetzt hat die Höll' ihr Meisterstück gemacht . . . ein kirchenräuberischer Mord – Mit veränderter Stimme: Wehe! In unserem Haus?

George zögert, die Hand an der Türklinke. Er geht zu seinem Schreibtisch zurück und hebt seine Blätter auf.

GEORGE: Beginnen wir am Anfang: ist Gott? *Pause.* Ich ziehe es vor, die Frage in dieser Form zu stellen, denn der Satz «Existiert Gott?» scheint die Existenz eines Gottes vorauszusetzen, der dies vielleicht nicht tut, und ich habe nicht vor, mich an diesem guten Abend an meinem Freund Russell zu halten, an diesem Abend an meinen guten Freund Rusell zu halten, an meinen guten Freund, den verstorbenen Lord Russell zu halten. Blödsinnige Leichenfledderei! Beginnen wir am Anfang: ist Gott? *Er überlegt einen Moment.* Die Frage «Ist Gott?» scheint ein Wesen vorauszusetzen, das vielleicht nicht ist . . . und setzt sich daher demselben Einwand aus wie die Frage «Existiert Gott?» . . . aber bevor man auf diese Schwierigkeit hinweist, ist sie weit weniger geeignet, Sprache mit Bedeutung zu verwechseln und einen Gott heraufzubeschwören, der jede beliebige Anzahl von Eigenschaften haben kann, darunter die Allwissenheit, die Vollkommenheit und den Vierradantrieb, aber nicht, wie es sich nun einmal trifft, die Existenz. Diese Verwirrung hat bei Platon begonnen und keineswegs bei Bertrand Russells Theorie aufgehört, wonach lediglich die Existenz von Beschreibungen und nicht die von Individuen assertorisch behauptet werden kann, aber ich will mich an diesem Abend nicht auf die Theorie der Beschreibungen einlassen, die mein guter alter Freund — jetzt leider nicht mehr unter uns — oahh! — auf die Theorie der Beschreibungen einlassen, die der verstorbene Lord Russell — *Er spricht geläufig weiter, improvisiert ohne Manuskript* — wenn ich mich solcherart auf einen alten Freund beziehen darf, für den Pünktlichkeit nicht weniger eine Eigenschaft war als Existenz, ja sogar weit mehr, wie er uns glauben machen wollte — warum wir freilich glauben sollten, daß die Existenz des Verfassers der «Principia Mathematica» beweisbar sei, aber nicht die Bertrand Russells, hatte er trotz seiner Pünktlichkeit, gar nicht zu reden von seiner Existenz, niemals Zeit, uns zu erklären, sehr gut, zur Sache, beginnen wir am Anfang: Ist Gott? *Zur Sekretärin:* Lassen Sie etwas Platz frei. Zweitens: Eine kleine Anzahl von Menschen war durch Anwendung ihres Intellekts und das Studium der Hervorbringungen sowohl der Natur wie anderer Intellektueller in der Lage, die Existenz Gottes einleuchtend zu bestreiten. Unter dem Einfluß ihrer Emotionen und ihres Seelenzustandes hat eine viel größere Anzahl von Menschen behauptet, daß dies die korrekte Ansicht ist. Diese Ansicht leitet sich teilweise von dem ab, was als gesunder Menschenverstand bekannt ist und dessen einzigartiger Vorzug besteht darin, daß jeder es besitzt, und teilweise von der wachsenden Unwahrscheinlichkeit, daß ein technologisches Zeitalter wie das unsere göttlichen Ursprungs ist — denn wenn der Mensch auch glauben mag, die Schafwolle sei auf Grund der himmlischen Vorsehung entstanden, so glaubt er das gleiche schon weit weniger von einer Mischung aus Wolle und Terylen. *Er beugt sich zum Spiegel vor, intensiv:* Nun, alles deutet in diese Richtung, eine Richtung, die nur einmal in der Menschheitsgeschichte ihren Lauf gewechselt hat . . . Vermutlich gibt es da ein genaues Kalenderdatum — einen Moment —, als die Last des Beweises vom Atheisten auf den Gläubigen überging, als ganz plötzlich und heimlich die Neinstimmen gewonnen hatten. *Er drückt sich in*

19

*dem fiktiven Spiegel einen Mitesser aus. Dann richtet er
sich auf und ist wieder der Vortragsredner.* Es ist jetzt fast
fünfzig Jahre her, daß Professor Ramsay die Theologie und
die Ethik «zwei Subjekte ohne ein Objekt» genannt hat,
und dennoch, als wollte sie sich gegen die Vernunft aufleh-
nen, als wollte sie mit einer göttlichen Unzerstörbarkeit
paradieren, will die Frage nicht von uns weichen: ist
Gott?

DOTTY *hinter der Bühne*: Notzucht!

GEORGE: Und dann wiederum überlege ich mir manchmal, ob
die Frage nicht lauten sollte: «Sind Gott?» Wenn nämlich
der menschliche Verstand über die Menschheit hinaus-
blickt, dann geschieht es, um zwei voneinander getrennte
Mysterien zu erklären, und es sind deren zwei, die ihm die
Philosophie entgegenkommenderweise vor Augen hält. Es
gibt erstens Gott den Schöpfer, der für die Existenz verantwortlich ist, und zweitens jenen guten Herrgott, der für die
moralischen Werte verantwortlich ist. Ich sage, sie sind
voneinander getrennt, weil es keinen logischen Grund gibt,
warum der Urquell des Guten im Weltall notwendiger-
weise das Weltall erst einmal geschaffen haben sollte;
andererseits ist es auch nicht notwendig, daß einem Schöpfer auch nur das mindeste daran liegt, wie seine Schöpfung
sich benimmt. Immerhin: zumindest in der judäo-christli-
chen Überlieferung hört man weder etwas von einem Gott,
der das Weltall erschaffen und sich dann weiter darum
gekümmert hat, noch von einem Gott, dessen Interesse an
dem Zufallsprodukt universaler Gase erst verhältnismäßig
spät erwacht ist. In der Praxis erkennen die Menschen
einen Schöpfer an, um den moralischen Werten Autorität
zu verleihen, und erkennen die moralischen Werte an, um
der Schöpfung einen Sinn zu geben. Wenn wir aber die
Existenz Gottes der Disziplin einer philosophischen Untersuchung unterwerfen, stoßen wir auf zwei voneinander
unabhängige Mysterien: das wie und warum der überwäl-
tigenden Frage —

DOTTY *hinter der Bühne*: Ist da jemand?

Pause:

GEORGE: Vielleicht ist jedes mystische Erlebnis eine Form der Koinzidenz. Oder auch umgekehrt, natürlich.

Dotty schreit. Es klingt ernst. Natürlich ist nichts zu sehen.

George murmelt: Ceterum –

DOTTY *hinter der Bühne:* Mordio! – Gib acht!

George wirft wütend sein Manuskript hin.

Dotty hinter der Bühne: Mordio! Feurio! Diebio!

GEORGE *macht seine Tür auf und schreit zur geschlossenen Schlafzimmertür:* Dorothy, unterbrich gefälligst nicht meine Arbeit durch dieses kindische und altmodische Wehgeschrei!

Die längst verstummte Marschmusik ist wieder hörbar geworden, sobald die Tür des Arbeitszimmers geöffnet wurde.

Und stell das Ding leiser – du tust absichtlich so, als hättest du was übrig für Blasmusik, nur um mich von meinem Vortrag abzulenken! *Er schließt seine Tür und holt dahinter einen Köcher mit Pfeilen und einen Bogen hervor. Diese Dinge bringt er nach vorn und legt sie auf seinen Schreibtisch. Wohlgelaunt:* Gehen wir einmal davon aus, daß Gott, sozusagen, existiert. *Er geht wieder zur Hinterbühne und findet eine Zielscheibe, die er auf die Chaiselongue stellt, so daß sie an das Bücherregal angelehnt ist. Er kommt wieder nach vorn, an der Sekretärin vorbei. In den Spiegel:* Die Methode, mit deren Hilfe ich heute abend gewisse Aspekte dieser immergrünen Frage untersuchen möchte, mag manchen von Ihnen übermäßig spannungsreich erscheinen, aber die Erfahrung hat mich gelehrt, daß der Versuch, die Aufmerksamkeit konkurrierender akademischer Richtungen durch pure Beweisführung wachzuhalten, ungefähr dem entspricht, einen gotischen Torbogen aus Zitterpudding zu errichten. *Er zieht einen Pfeil aus dem Köcher.* Lassen wir zunächst den guten Herrgott beiseite, auf den wir noch zurückkommen werden, und befassen wir uns vorerst mit Gott dem Schöpfer – oder, um ihm seine wichtigste philosophische raison d'être zu geben, dem Urgrund –, dann sehen wir, daß ein übernatürlicher oder göttlicher Ursprung die logische Folge der Annahme ist, daß ein Ding zum anderen führt und daß diese Reihe ein erstes Glied haben muß; daß wir, wenn Sie wollen, obwohl Hennen und Eier einander jahrtausendelang abgelöst haben mögen, letztlich eben doch auf etwas stoßen, das, ohne vielleicht einer Henne oder einem Ei noch länger ähnlich zu sehen, dennoch das erste Glied in dieser Reihe darstellt und selbst nur einem Urgrund zugeschrieben werden kann —, oder, um ihm seinen theologischen Spitznamen zu geben: Gott. Wie wohlbegründet ist eine solche Annahme? Könnte es zum Beispiel sein, daß Hennen und Eier in dieser oder jener Form buchstäblich immer und ewig aufeinander gefolgt sind? Mein alter Freund — Mathematiker weisen prompt darauf hin, daß sie mit vielen Reihen vertraut sind, die kein erstes Glied haben, wie etwa die Reihe echter Brüche zwischen Null und Eins. Was, so fragen sie, ist der erste, das heißt der kleinste dieser Brüche? Ein Billionstel? Ein Trillionstel? Offenbar nicht: Cantors Beweis, daß es keine größte Zahl gibt, garantiert, daß es keinen kleinsten Bruch gibt. Es gibt keinen Anfang. *Mit einem gewissen Vergnügen paßt er seinen Pfeil in die Sehne des Bogens ein.* Eben diese Vorstellung einer unendlichen Reihe aber veranlaßte im sechsten vorchristlichen Jahrhundert den griechischen Philosophen Zeno zu dem Schluß, daß, da ein auf ein Ziel abgeschossener Pfeil erst den halben Weg, dann die Hälfte des halben Weges, dann die Hälfte der Hälfte des halben Weges zurücklegen muß, und so weiter ad infinitum, das Ergebnis, wie ich Ihnen jetzt demonstrieren will, darin besteht, daß ein Pfeil, mag er sich auch dauernd seinem Ziele nähern, niemals ganz an dieses Ziel gelangt und der heilige Sebastian an der Angst gestorben ist. *Er schickt sich an, den Pfeil abzuschießen, überlegt es sich dann aber und wendet sich wieder dem Spiegel zu.* Überdies zeigt er, daß der Pfeil, bevor dieser noch die erste Hälfte erreicht, im ersten Viertel ankommen muß, und davor im ersten Achtel, und davor im Sechzehntel, und so weiter, mit dem Ergebnis laut Cantors Beweis, daß der Pfeil sich überhaupt nicht bewegen kann!

DOTTY *hinter der Bühne*: Feuer!

George, vorzeitig erschreckt, feuert den Pfeil ab, der im Garderobenschrank verschwindet.

Hilfe — Rettung — Feuer!

GEORGE *schreit wütend*: Hör doch auf mit diesem kindischen Blödsinn! Jetzt hast du mich um den Überraschungseffekt gebracht! *Er wirft den Bogen weg, hebt sein Manuskript auf, legt es wieder hin und setzt sich auf die Ecke seines Schreibtischs, verschränkt die Arme und baumelt mit einem Bein.*

Die Sekretärin wartet ruhig, ohne die Fassung zu verlieren, mit gezücktem Bleistift. (Stellen wir jetzt ruhig fest, daß sie nie ein Wort sagt.)

George bemerkt, daß er zwei verschiedene Socken anhat. Zuerst etwas verschämt: Sehen Sie mal ... Betrachten Sie meine linke Socke. Meine linke Socke existiert, aber eigentlich müßte sie das gar nicht. Es ist, wie wir sagen, nicht notwendig, sondern zufällig. Warum existiert meine Socke? In einem Sinn, weil ein Sockenmacher sie gemacht hat, in einem anderen Sinn, weil sich zu irgendeinem früheren Zeitpunkt der Begriff Socke im menschlichen Gehirn gebildet hat, in einem dritten, um meinen Fuß warmzuhalten, in einem vierten, um einen Gewinn zu erzielen. Es gibt die Vernunft und es gibt das Kausalprinzip und es gibt die Frage, wer hat den gemacht, der den Sockenmacher machte? Etcetera, gut, gut, und jetzt, sehen Sie her, bewege ich meinen Fuß, der meine Socke bewegt. *Er geht.* Ich und mein Fuß und meine Socke, wir alle bewegen uns im Zimmer herum, das sich um die Sonne bewegt, die sich auch bewegt, wie Aristoteles sagte, wenn auch nicht um die Erde, da hat er sich geirrt. Es gibt die Vernunft, und es gibt das Kausalprinzip, und es gibt die Bewegung, jedes davon in alle Unendlichkeit rückbezogen auf einen Augenblick des Entstehens und einen Punkt des allerletzten Zusammenhangs — und eines Tages! — während wir in das Feuer am Eingang unserer Höhle starren, da plötzlich begreifen wir's in einem sekundenlangen, dankbaren Entsetzen — es ist das eine und einzige, das sich selbst genug ist, das außerhalb des Tuns und Handelns steht — das notwendige, unentbehrliche Wesen, der Urgrund, der unbewegte Beweger! *Um seine Worte zu krönen, nimmt er einen Schluck aus seinem Becher, der jedoch nur Bleistifte enthält. Er stellt den Becher hin, behält aber einen Bleistift im Mund. Undeutlich:* Der heilige Thomas von Aquin . . . *Er läßt den Bleistift in den Becher fallen. Leise:* Von den fünf Gottesbeweisen, die der heilige Thomas von Aquin vorbringt, beruhen drei auf dem einfachen Prinzip, daß in einer scheinbar endlosen Reihe von Dominos, die einer nach dem andern umfallen, irgendwo ein Domino sein muß, der einen Stoß bekommen hat. Und in bezug auf Dominos bin ich auch nicht weitergekommen als der heilige Thomas.

Die Musik des Aufmarschs im Fernsehen ist neuerlich leise im Hintergrund hörbar geworden.

Alles muß irgendwo anfangen, darauf gibt es keine andere Antwort. Außer natürlich: warum tut es das? Wenn wir die Vorstellung einer Infinität ohne Ende akzeptieren, warum akzeptieren wir dann nicht die logisch identische Vorstellung einer Infinität ohne Anfang? Mein alter — siehe die Reihe echter Brüche. Etcetera. *Zur Sekretärin:* Dann Cantor, dann kein Anfang, etcetera, dann Zeno. Fügen Sie ein: In der Tat ist aber das erste Glied der Reihe kein unendlicher Bruch, sondern Null. Es existiert. Gott ist gleich Null, sozusagen. Interessant. Und dann weiter: Weil Zeno die besondere Eigenheit einer konvergierenden Reihe nicht begriff, verfiel er in jenen Trugschluß, der am malerischsten in seinen berühmten Paradoxa illustriert ist, wo er auf jede mögliche Weise, nur nicht auf Grund von Erfahrung, nachweist, daß ein Pfeil niemals an sein Ziel gelangt und daß eine Schildkröte, die in einem Wettrennen mit, sagen wir, einem Hasen, einen Vorsprung hat, niemals überholt werden kann — und damit Sie mir wieder Ihre Aufmerksamkeit zuwenden, will ich Ihnen jetzt die Art dieses Trugschlusses demonstrieren, zu welchem Zweck ich eine besonders abgerichtete Schildkröte mitgebracht habe — *die er aus der kleineren Holzkiste hebt* — und einen ebenso abgerichteten — verdammt und zugenäht! — *Er hat die größere Kiste aufgemacht und sie leer gefunden. Er dreht sich um.* Nurmi, Nurmi, wo bist du denn, mein Junge? *Nachdem er Nurmi vergeblich unter dem Schreibtisch und dem Bett gesucht hat, verläßt er das Zimmer, die Schildkröte in der Hand, und tritt ins Schlafzimmer, dessen Tür er weit geöffnet und offen gelassen hat.*

Im Schlafzimmer wird es hell. Der Aufmarsch auf dem Bildschirm. Die Musik wird jetzt ganz laut, als wären wir mit ihm eingetreten. Nurmi ist nirgends zu sehen.

Indessen liegt Dotty nackt und scheinbar leblos auf dem Bett, mit dem Gesicht nach unten.

George erfaßt das Schlafzimmer mit einem Blick, nimmt Dotty nicht zur Kenntnis, ruft immer weiter nach Nurmi und geht ins Badezimmer, um dort nachzusehen. Nach ein paar Sekunden kommt George aus dem Badezimmer zurück.

In die Musik aus dem Fernseher mischt sich jetzt das Bruchstück eines Kommentars.

FERNSEHSTIMME: . . . schöner blauer Himmel für die Luftparade, und da kommen sie schon!

Sehr laut: die Düsenjäger kreischen und donnern auf dem Tonstreifen und kreischen und donnern über den Bildschirm. Mitten im Flug werden sie abgeschnitten — George hat den Fernseher abgestellt: Stille und weißer Bildschirm. George bewegt sich weiter zur Tür, vom Bett weg, auf dem der ferngesteuerte Schalter des Fernsehers liegt.

GEORGE: Spielst du schon wieder Scharaden?

DOTTY: Ja.

GEORGE: Was bist du? Ein Sprichwort?

DOTTY: Nein, ein Buch.

GEORGE: «Die Nackten und die Toten».

DOTTY: Bleib bei mir.

Dieser Dialog war sehr rasch. George ist jetzt bei der Tür und will gehen. Dotty hat sich im Bett aufgesetzt.
Spiel mit mir.

GEORGE *zögernd*: Jetzt ...?

DOTTY: Ich mein, Scharaden –

George will hinaus.

Sei doch lieb.

George bewegt sich.

Verzweifelt: Ich laß dich!

George geht ab, schließt die Tür und enthüllt dem Publikum durch diesen Vorgang die Leiche. Sie hängt an der Hintertür oder – wie im Londoner Nationaltheater – in einem Schrank, der aufgeht, wenn die Tür zufällt. Jedenfalls war sie bis zu diesem Augenblick nicht sichtbar. George öffnet sofort wieder die Tür und tritt ein, wobei die Leiche wieder verborgen wird.

GEORGE: Sag ich besser «Mein guter Freund, der verstorbene Bertrand Russell» oder «mein verstorbener guter Freund Bertrand Russell?» Beides klingt irgendwie komisch.

Pause.

DOTTY: Vielleicht, weil er gar nicht dein guter Freund war?

GEORGE: So? Das würd ich aber nicht sagen.

DOTTY *zornig*: Er war mein guter Freund. Wenn er mich nicht gefragt hätte: wer ist denn der Kerl, der da immer herumsteht, hättest du ihn nie kennengelernt.

GEORGE: Wie dem auch sei, ich habe ihn kennengelernt, und wir haben eine Weile lang sehr angeregt miteinander geredet.

DOTTY: Soweit ich mich erinnern kann, hast du eine Weile lang sehr angeregt darüber geredet, daß die Sprache jene Anissamen-Fährte sei, der die himmlischen Spürhunde nachfolgen, wenn der metaphysische Fuchs sich ins Erdloch verkrochen hat. Der muß gedacht haben, du bist bekloppt.

GEORGE *gekränkt*: Das ist eine Beleidigung. Meine Metapher vom Fuchs und den Spürhunden war, wie Russell sehr wohl begriffen hat, eine Anspielung auf seine Theorie der Beschreibungen.

DOTTY: Um die Theorie der Beschreibungen war es ihm an diesem Abend nicht zu tun. Erstens war es sechzig Jahre her, seit er sie sich ausgedacht hatte, und zweitens hat er mit Mao Tse-tung zu telefonieren versucht.

GEORGE: Ich wollte ihn nur wieder auf Dinge von universeller Bedeutung bringen, weg vom täglichen Kleinkram der internationalen Politik.

DOTTY: Universelle Bedeutung! Du lebst im Traumland!

GEORGE: So? Wirklich? Na, ich sollte nicht denken, daß der Versuch, sich durch das Telefonamt von Mayfair mit dem Vorsitzenden Mao verbinden zu lassen, wobei der Weinkellner vom Restaurant «Zur Pagode» am Telefonhörer im Schlafzimmer als Dolmetsch bereitsteht, besonderes Verständnis für die Realität verrät. Nurmi, wo bist du, Nurmi? *Er wendet sich zum Gehen.*

DOTTY: Georgie! – Ich laß dich.

GEORGE *bleibt stehen*: Ich will nicht «gelassen» werden. Siehst du nicht, daß das eine Beleidigung ist?
Dotty sinkt in echter Verzweiflung, vielleicht auch echter Reue, auf das Bett zurück.

DOTTY: Ach Gott . . . wenn nur Archie käme.

GEORGE *kühl*: Kommt er schon wieder?

DOTTY: Ich weiß nicht. Hast du was dagegen?

GEORGE: Na, er ist doch jeden Tag dieser Woche bei dir aufgetaucht. Was soll ich davon halten?

DOTTY: Mir scheint, dein Ton gefällt mir nicht.

GEORGE: Ich habe keinen Ton. Aber vielleicht darf ich ganz tonlos eines bemerken: wenn er dich schon regelmäßig besuchen will, dann soll er entweder nach dem Mittagessen kommen oder du solltest aufstehen. Leute im Schlafzimmer empfangen, bringt eine Frau in schlechten Ruf, außer es handelt sich um einen echten Salon.

DOTTY: Was fällt dir eigentlich ein? Geh doch, verschwinde und schreib deine blöde Rede für deinen Debattierklub im Traumland! Einmal hab ich gedacht – ja, einmal hab ich ernstlich gedacht, ich könnte auf etwas – Verständnis – bei dir rechnen, ja, wo ich eben in einer schwierigen Lage bin, hab ich ernstlich erwogen, ich könnte dir ein bißchen Draufgängertum zutrauen, ohne daß du einen Haufen pedantischer Fragen stellst und «sollten wir nicht die Behörden verständigen», ich meine, darüber müßten wir uns doch hinwegsetzen können – aber nein, du nicht, nein, nein, und da wunderst du dich, wenn ich mich an Archie wende –? *Sie legt sich wieder aufs Bett und zieht sich die Decke über den Kopf.*

GEORGE *ungestüm, eindringlich*: Ich kann bis zwei zählen und mir gewisse Dinge zusammenreimen. Mir was zusammenzureimen ist ganz mein Fach. Ich ziehe keine voreiligen Schlüsse. Auf bloßen Verdacht oder wilde Vermutungen laß ich mich nicht ein. Ich prüfe die Daten, ich halte Ausschau nach logischen Folgerungen. Auf der einen Seite, das heißt im Bett, haben wir eine reizvolle verheiratete Frau, deren Beziehung zu ihrem Mann gerade noch vor der Ausgabe einer Zuteilungskarte haltmacht. Auf der anderen Seite haben wir die täglichen Besuche eines berühmten Weiberhelden, der die Türklingel drückt und von Frau Sowieso eingelassen wird, die ihn ins Schlafzimmer führt, das er eine Stunde später mit einer mehr als befriedigten Miene wieder verläßt und dabei ausruft: «Lassen Sie nur, ich mach die Tür schon allein zu.» *Er ist in eine ruhige Milde versunken.* Jetzt überlegen wir uns einmal. Was sollen wir von dem Ganzen halten? Frau im Bett, tägliche Besuche eines Herrn. Was drängt sich hier auf?

DOTTY *ruhig*: Sieht mir so aus, als wär's der Arzt.

George ist verblüfft.

Pause.

GEORGE: Arzt? . . . Der Rektor?

DOTTY *lebhaft*: Du weißt doch, daß er ein Arzt ist, verdammt noch mal!

GEORGE: Ich weiß, er ist Dipl.-Psychiater, aber er übt den Beruf nicht aus. Ich meine, er ist kein Mensch, der herumgeht und Leute in den Rachen schaut. Sein Fach sind Psychosen . . . Manisch-Depressive – Schizophrene – Phantasten –

Dotty greift nach ihrem Spiegel und beginnt ihr Haar zu bürsten.

Er versteht plötzlich. Du meinst, du bist schon wieder krank? *Pause.* Tut mir leid . . . Woher soll ich wissen, daß du . . .

28

DOTTY: Hier drin geht's mir gut.
Pause.
GEORGE: Warum hat er dir Blumen gebracht? Natürlich besteht kein Grund, warum er dir keine bringen sollte.
DOTTY: Eben.
GEORGE: Ich meine, er ist ja ein Freund von uns, mehr oder weniger. Er mag dich. Magst du ihn?
DOTTY: Er ist in Ordnung, auf seine Art.
GEORGE: Was für eine Art ist das?
DOTTY: Ach, du weißt schon.
GEORGE: Nein. Was tut er denn?
DOTTY: Er ist ein Arzt. *Pause.* Er hält mich bei guter Laune.
GEORGE: So? Das ist . . . recht.
DOTTY: Wenn du willst, werde ich ihn nicht mehr sehen. *Wendet sich ihm zu.* Ich werde lieber dich sehen. Wenn du willst.
George überlegt sich den neuen Ton und entscheidet, daß er dem Augenblick vertrauen kann.
GEORGE *weicher*: Ach, Dotty . . . als du zum erstenmal in mein Seminar kamst, da hab ich mir gedacht: «Das ist die wahre Sache!» . . . Es war ein Regentag . . . dein Haar war feucht . . . und ich hab mir gedacht: «Eine Hyazinthe, das Mädchen» und «Wie schütter mein Haar nur wird».
DOTTY: Und ich hab mir gedacht: «Jetzt sitz ich ganz still, dann merkt niemand, wie dumm ich bin» . . . und «Wie bescheiden der mit schönen Worten umgeht» und «Wie schütter sein Haar schon wird».
GEORGE: Und dann hast du dich mehr nach vorn gesetzt.
DOTTY: Davon hast du nicht jünger ausgesehen.
GEORGE *wie aus der Pistole geschossen*: Und dann bist du zum Theater gegangen.
DOTTY: Aber da war noch alles gut.
GEORGE: Ach ja, eine Weile lang. Und dann auch wieder nicht. Und dann wieder doch, manchmal, sogar jetzt, wenn alles andere dich im Stich läßt.
DOTTY *geht zu ihm*: George, ich sitz in einer Patsche.
GEORGE: Wieso?
DOTTY *berührt ihn*: Sei nicht spießig, bitte.

GEORGE *reagiert auf ihre Berührung*: Seien wir zusammen unspießig . . . wenn du willst.

DOTTY *berührt sein Gesicht*: Du bist unrasiert. Siehst schrecklich aus.

GEORGE: Dann rasier ich mich . . . wenn du willst.

DOTTY: Na schön . . . Ich bin ein bißchen ausgehungert.

GEORGE: Ich auch.

DOTTY: Nach Essen, hab ich gemeint.

GEORGE: Nachher.

DOTTY: Vorher.

GEORGE *weicht zurück*: Wenn ich mir's so überlege . . .

DOTTY: Hast du Gott noch immer nicht erfunden?

GEORGE: Beinahe, ich laß ihn eben tippen.

DOTTY *hält ihn davon zurück, wegzugehen*: Bitte — rasier dich.

Pause.

GEORGE: Gut.

Die Düsenjäger kommen zurück, heulen über das Haus hinweg.

George starrt aus der Fenstertür.

Dotty blickt zur Decke.

Ein Aufmarsch!

DOTTY: Ein Aufmarsch!

GEORGE: Ach ja, die Radikalliberalen . . . Scheint mir einigermaßen geschmacklos . . . Soldaten . . . Kampfflieger . . . Es war doch schließlich eine Parlamentswahl, kein Staatsstreich.

DOTTY: Komisch, daß du das sagst.

GEORGE: Warum?

DOTTY: Archie sagt, es war ein Staatsstreich, keine Parlamentswahl.

GEORGE: Glatter Unsinn. Es ist undenkbar, daß die radikalliberale Partei einen demokratischen Vorgang manipulieren würde.

DOTTY: Demokratie ist ein Hirngespinst.

GEORGE: Und überhaupt kommst du mit so was nicht durch. Alles stellt sich früher oder später heraus.

DOTTY: Dann gnade Gott mir und der Regierung.

GEORGE: Außerdem hab ich einen Stimmzettel abgegeben.

DOTTY: In der Demokratie kommt es nicht auf die Stimmzettel an, sondern wie man sie zählt, sagt Archie.

GEORGE *wütend*: Archie dies, Archie das! Heute möchte ich zur Abwechslung nichts hören, was auch nur im entferntesten mit Archie zu tun hat. *Er beginnt davonzugehen.* Ich geh mich rasieren.

DOTTY: Von mir aus kannst du dir den Bart wachsen lassen.

GEORGE *zum Goldfisch*: Guten Morgen. *Zu Dotty:* Er braucht neues Wasser. *Er verschwindet im Badezimmer, kommt aber fast unmittelbar darauf wieder zurück, einen Becher mit Rasierschaum in der Hand. Er trägt sich einen weißen Bart aus Rasierschaum auf.* Was meinst du damit, Gott gnade dir und der Regierung?

DOTTY *plötzlich fröhlich und mutwillig*: Ich hab Gott nur reflexiv erwähnt — *sieht ihn* — du Greis! Nicht echt heraufbeschworen.

GEORGE *bitter*: Immer wenn du so bist wie jetzt, denk ich mir, wie ungerecht es ist, daß so viele Leute uns beide ansehen und sagen: «Warum in aller Welt hat d i e den geheiratet?» *Er verschwindet wieder im Badezimmer.*

DOTTY *immer noch fröhlich*: Und doch kann man nur staunen, Herr Professor, wie hartnäckig dieser Reflex sich erhält, diese dauernde, gedankenlose, universelle Anrufung eines nichtexistenten Gottes, der längst als tot angesehen wird. Vielleicht wurde er auch nur «während der Kampfhandlungen» vermißt, hinter der dünnen gelben Linie der vorrückenden Radikalliberalen abgeschossen und rafft sich wieder auf, um plötzlich aus dem Hinterhalt «Buh!» zu schreien.

GEORGE *kommt mit dem Rasierapparat zurück*: Hast du dir die Beine rasiert?

DOTTY: Und so begannen denn unsere Privatlektionen abzusinken, vom Metaphysischen zum lediglich Physischen ... nicht so sehr auf den Boden der nackten Tatsachen als auf den Teppich, erinnerst du dich?

Ein neuer Ton. George, halb eingeseift, ein Lätzchen um, setzt sich auf das Bett.

Das war das Jahr deines Meisterwerks «Über den Erkenntnisbegriff», der letzte anständige Titel, der noch übrig war,
nachdem Ryle sich den «Denkbegriff» geschnappt hatte
und Archie sich das «Denkproblem» geschnappt hatte und
A. J. Ayer sich das «Erkenntnisproblem» geschnappt hatte
— und der «Erkenntnisbegriff» hätte dich berühmt
gemacht, wenn du ihn geschrieben hättest, aber wir waren
immer noch auf dem Teppich, als ein Amerikaner mit
einem italienischen Namen in Melbourne sich den Titel für
ein ziemlich schlechtes Buch schnappte, von dem vier
Exemplare in London verkauft wurden, drei an unbekannte
Käufer und das vierte an dich selbst. Er hatte dich überrun-
det, während du noch damit beschäftigt warst, Erkenntnis
im Sinn von «Etwas-erfahren-Haben» mit Erkenntnis im
Sinn von «Mit-etwas-vertraut-Sein» zu vergleichen, und
Erkenntnis im Sinn von «Aus-Tatsachen-Ableiten» mit Erkenntnis im Sinn von «Wahrheiten-Erfassen», und all die
Zeit, in der du dich mit dem Muster meines persischen
Teppichs vertraut machtest, ohne es freilich besser zu
erfassen, hattest du etwas über Erkenntnis im biblischen
Sinn vom Bumsen gelernt, und vielleicht steckt doch noch
ein Buch in dir —
George reißt sich den Latz ab.
— oder hast du gemeint, wegen mir und der Regierung?
*Dabei geht sie hinüber, um das Aquarium mit dem Gold-
fisch aufzuheben.*
GEORGE *hält inne und dreht sich um, würdevoll*: Ich glaube,
du verstehst nicht das geringste davon. Du bist die Frau
eines Akademikers: das heißt, du bist zweifach vom Kern
der Dinge entfernt.
DOTTY: Archie sagt, die Akademiker können sich auf mehr
Radikalismus als Liberalismus gefaßt machen. *Sie trägt
das Aquarium ins Badezimmer.*
GEORGE *beruhigt sich selbst*: Der Radikalismus hat bei uns
eine schöne und ehrenvolle Tradition. Er bedeutet immer
ein Maß an gesunder Skepsis hinsichtlich ererbter Vorstellungen vom Mittel und Zweck. Das ist alles.
Dotty kehrt mit dem Aquarium zurück, das sie entleert und

*als Glassturz über ihren Kopf gestülpt hat. Sie geht mit
dem bleifüßigen Gang eines Mondspaziergängers.*

George schenkt ihr keine Beachtung. Ich meine, es wäre
doch anmaßend, radikale Ideen nur deshalb zu verdam-
men, weil sie mir ganz offenkundig dumm und kriminell
erscheinen, wenn sie zufällig wirklich radikal sind.

*Dotty beugt sich zum Boden, berührt ihn mit einer Hand
und führt die Hand dann mit ausgestrecktem Zeigefinger
steil nach oben.*

*George wirft ihr einen kurzen Blick zu und sieht sofort wie-
der weg.* Jules Verne: «Von der Erde zum Mond». Es ist
schließlich und endlich eine radikale Idee, die Freiheit des
einzelnen zu gewährleisten, indem man sie Gruppen vor-
enthält.

*Dotty nimmt die Glaskugel vom Kopf und stellt sie wieder
auf den Tisch, etwas zwecklos.*

Tatsächlich könnte man sagen, eine Partei, die sich radikal
nennt, habe diesen Anspruch eingebüßt, wenn sie darauf
verzichtet, die Macht im Rundfunk zu übernehmen und
die Kirchenkommissare ins Gefängnis zu werfen –

DOTTY: Das waren nicht die Kirchenkommissare, das waren
die Grundstücksmakler und die obersten Jagdleiter.

GEORGE: Ich dachte, die Kirchenkommissare sind Grundstücksmakler.

DOTTY: Sie wurden bloß rückwirkend enteignet, eine menschliche Geste. *Sie wirft ihm eine Nummer der «Times» hin,
die sie vom Nachttisch genommen hat.*

GEORGE: Na, und was ist mit den Kirchenkommissaren, die
zugleich oberste Jagdleiter waren?

DOTTY: Ich weiß nicht – ach, mein Schatz, ich hab solchen
Hunger –

GEORGE *blättert in der Zeitung, verdrießlich*: Da ist ein Foto,
wie der Verband der Zeitungsverleger in einem Polizeiauto
sitzt mit einem Regenmantel über seinen Köpfen.

DOTTY: Wenigstens eine Regierung, die ihr Versprechen
hält.

GEORGE *wirft wütend die Zeitung weg*: Hier geht's nicht um
politische Theorien. Nicht auszudenken, daß diese rach-

süchtigen Vereinfacher sich das alte Kriegsbanner jener wahrhaften Radikalen angeeignet haben, die für das allgemeine Wahlrecht und die Aufhebung der Korngesetze kämpften –! *Tobend:* Und womit soll die Kirche ihren Klerus bezahlen? Wollen sie die Kirchen niederreißen?

DOTTY: Ja.

George starrt mit offenem Mund.

Die Kirche wird rationalisiert.

GEORGE: Rationalisiert? *Wütend:* Die 39 anglikanischen Glaubensartikel kann man nicht rationalisieren!

DOTTY: Nein, nein ... nicht den Glauben, nur das System. Weißt du noch, wie man die Eisenbahnen rationalisiert hat? – Na ja, jetzt wird man die Kirche rationalisieren. *Pause.* Im Fernsehen hat man es schon angekündigt.

GEORGE: Wer hat es angekündigt?

DOTTY: Der Erzbischof von Canterbury. Clegthorpe.

GEORGE: Clegthorpe? Sam Clegthorpe?

DOTTY: Es ist eine politische Ernennung geworden, wie bei den hohen Richtern.

GEORGE: Willst du mir sagen, man hat den radikalliberalen Fachmann für Landwirtschaft jetzt zum Erzbischof von Canterbury gemacht?

DOTTY: Schrei doch mich nicht an ... Ich denk mir, wenn man sich ihn als eine Art von Hirten vorstellt, der für seine Herde sorgt ...

GEORGE: Aber er ist doch Agnostiker.

DOTTY *gibt nach*: Ich gebe dir völlig recht – kein Mensch wird Vertrauen zu ihm haben. Das ist ja so, als würde der Direktor des Kohlenverwertungsamts nur an Öl glauben.

GEORGE *brüllt*: Nein, überhaupt nicht! *Eine erschöpfte Pause.* Du hast dir das ausgedacht. Du willst mich nur in Wut bringen.

DOTTY: Findest du es so unglaublich, daß ein Mann mit naturwissenschaftlicher Vorbildung Erzbischof von Canterbury wird?

GEORGE: Woher soll ich wissen, was ich unglaublich finde, verdammt noch mal. Glaubhaftigkeit ist ein expandierendes Feld. Kaum hat sich blanker Unglaube auf einem Gesicht abgezeichnet, da nickt schon der Kopf mit all der Weisheit nachträglicher Einsicht. «Erbischof Clegthorpe? Aber natürlich! Die unausbleibliche Krönung einer tierärztlichen Karriere!» Was ist denn mit dem alten Erzbischof geschehen?

DOTTY: Der hat abgedankt... oder sich entkrönt —

GEORGE *nachdenklich*: Vielleicht ent-schlüsselt.

Dotty schaltet den Fernseher ein. Der Mond.

Du lieber Gott! *Beim Fenster:* Da unten geht ja Clegthorpe! — Marschiert vor sich hin, gefolgt von zwei Kaplänen in Regenmänteln.

DOTTY: Trägt er eine Mitra?

GEORGE: Ja. Er segnet die Leute links und rechts. Der muß betrunken sein.

George starrt aus dem Fenster, Dotty auf das Fernsehen.

DOTTY: Armer Mondmensch, fällt nach Hause wie Luzifer. *Sie dreht das Fernsehen ab. Der Schirm wird weiß.* ... Natürlich, für jemand auf ihm d r a u f ist der Mond immer voll, da mag eine vernünftige Handlung dort oben anders aussehen als bei uns. *Pause. Wie versteinert:* Bei der ersten Mondlandung war mir, als sähe ich ein Einhorn in der Tagesschau... Es war natürlich sehr interessant. Aber die Einhörner hat es mir für immer verpatzt. *Pause.* Ich hab versucht, das dem Analytiker zu erklären — als jeder, der herumstand, mich fragte: «Was hast du denn, Schätzchen, was ist denn passiert, Baby?» Was sollte ich sagen? Mir wurde plötzlich komisch bei der Arbeit, da ging ich eben früher heim. Das muß doch einem arbeitenden Mädchen schon öfter passiert sein. Und warum muß die verdammte Schau überhaupt immer weitergehen? Da war sie eben einmal mitten drin aus, und in gewissem Sinn war mein Abgang der größte Triumph meiner Karriere. Weil nämlich niemand den Saal verließ.

GEORGE *zu sich*: Sam Clegthorpe!

DOTTY: Fast eine Stunde lang saßen sie da und starrten auf diesen blöden Glitzermond, und die warteten nicht, um ihr Geld abzusitzen, die warteten auf eine Nachricht. «Geht's

35

ihr wieder gut?» ... Ja, ja, gar nicht übel für eine gelangweilte Hausfrau, wie? — Gar nicht übel für eine einstige Amateurstudentin, die jetzt angeödet ihrem Professor die Wirtschaft führt. Und die warten immer noch! — Mein Abgang von der Bühne dauert jetzt schon so lange, wie meine ganze Karriere, aber die warten immer noch darauf, daß ich an die Rampe trete und mein Lied zu Ende singe. Und schreiben mir unterdessen Liebesbriefe. So ist's recht, gar nicht so übel für eine zweitrangige Diseuse mit einer mäßigen Stimme und einer kleinen Auswahl an Neurosen. Aber trotzdem auch nicht gut. Die dachten, ich wär überarbeitet oder es wär der Alkohol, aber schuld waren nur diese kleinen grauen Männlein in ihren gläsernen Aquariumhelmen, die in ihren Bleistiefeln in der Tagesschau herumstapften. Interessant war das schon, aber es hat mir den alten Silbermond verpatzt und noch vieles andere dazu ... Der Analytiker war natürlich wieder auf der falschen Fährte — wie kann man auch einem Freudianer was von Einhörnern sagen!

GEORGE *wendet sich von der Aussicht ab, heiter*: Erzbischof Clegthorpe! Das ist wohl der Höhepunkt wissenschaftlicher Überheblichkeit. Von jetzt ab sinkt die darwinistische Revolution an ihren eigenen Ursprung zurück. Der Mensch ist wieder zum Affen geworden und Gott ist im Aufstieg, und alles wird enden, wie es angefangen hat, wenn sein Blick nachdenklich auf der unbewohnten Erde ruht und der Mond aufgeht über einer rauchenden Landschaft aus vulkanischem Felsgestein und Seen von Schlacken — kein neues Herkulaneum, sondern die Asche an sich.

DOTTY: Hältst du es für ... für bedeutungsvoll, daß man sich unmöglich vorstellen kann, wie einer auf dem Mond eine Kirche baut?

GEORGE: Wenn Gott existiert, dann hat er sicherlich vor der Religion existiert. Er ist ein Gott der Philosophen, der sich logisch aus offensichtlichen Prämissen ableiten läßt. Daß sich eine Art Anhängerverein seiner bemächtigt hat, ist nur von psychologischem Interesse.

DOTTY: Archie sagt, die Kirche ist ein Monument des Irrationalismus.

GEORGE: Sollte Archie je sein Amt als hervorragender Universitätsrektor zurücklegen, dann könnte er einen ausgezeichneten Narren abgeben; aber da er mühelos beide Rollen zu vereinen weiß, wird er es wohl niemals tun. *Er dreht sich um und schreit sie mit erstaunlichem Zorn an:* Die Nationalgalerie ist ein Monument des Irrationalismus. Jeder Konzertsaal ist ein Monument des Irrationalismus. Genauso wie ein schön gepflegter Garten oder eine Liebesbezeigung oder ein Heim für herrenlose Hunde. Du dummes Weib, wenn Rationalismus das Kriterium dafür wäre, ob etwas existieren darf oder nicht, dann wäre die Welt ein einziges riesiges Feld von Sojabohnen. *Er hebt seine Schildkröte auf und balanciert sie liebevoll auf seiner Handfläche ungefähr in der Höhe seines Mundes. Als wollte er sich entschuldigen:* Nicht wahr, Achilles? Das Irrationale, das Gefühlvolle, das Schrullige ... das sind die Zeichen jener Menschlichkeit, die aus der Vernunft eine zivilisatorische Kraft macht. In einer vollkommen rationalen Gesellschaft wird der Moralist zu jeglicher Art von Kauz, der auf eine wartende Menge vor der Autobushaltestelle mit der verblödeten Gewißheit eines Menschen einredet, dem eine Sonderinformation zuteil geworden ist: «Gut und böse sind metaphysische und absolute Werte!» Wozu bin ich denn hereingekommen? *Blickt sich um.*

DOTTY: Was du da von Bohnen sagst, erinnert mich – ich hab was für Frau Sowieso in den Ofen getan. Kannst du mal nachsehen –?

GEORGE: Nein, das kann ich nicht. Du weißt, wo die Küche ist –

DOTTY: Wo?

GEORGE: – und dein aristokratisches Getue, als verstündest du nichts von diesen Dingen, ist ja sehr amüsant, wenn ich weniger beschäftigt bin, aber – wo ist denn Frau Wieheißt-sie-nur?

DOTTY: Sie haben Nationalfeiertag. Wahrscheinlich ist sie irgendwo da unten und schwenkt eine kleine gelbe Fahne.

GEORGE: Ach ja – die ist bestimmt dabei. Ich kann mir sogar

niemand vorstellen, der empfänglicher wäre für die radikalliberale Philosophie. «Kein Problem ist unlösbar, so
lange man einen genügend großen Plastikbeutel hat.» *Er
will abgehen.*

DOTTY: Du hast nicht zufällig einen großen Plastikbeutel?

GEORGE: Weißt du vielleicht, weshalb ich hereingekommen
bin?

DOTTY: Bitte, laß mich nicht allein. Ich will nicht allein
bleiben und alles selber machen müssen...

GEORGE: Tut mir leid, Dotty, ich muß – tut mir leid, wenn du
dich heute wieder einmal schlecht fühlst, aber die Dinge
werden sich schon bessern.

DOTTY: Die Frage ist nicht, ob die Dinge sich bessern. Die
Dinge sind so oder anders; «besser» ist die Art, wie wir sie
sehen, sagt Archie, und ich persönlich tu das eben nicht,
nicht sehr; manchmal freilich läßt er sie mir weniger arg
erscheinen – nein, das stimmt auch nicht, ein «erscheinen»
kennt er nicht. Erstens scheinen die Dinge nicht, sie sind.
Und zweitens können sie nicht arg sein. Sie können grün
sein oder viereckig, oder japanisch, laut, verhängnisvoll,
wasserdicht oder mit Vanillegeschmack, und das gleiche
gilt für Handlungen – die können abzulehnen sein oder
komisch, unerwartet, deprimierend oder wirkungsvoll im
Fernsehen, wie auch immer – je nachdem, wer die Stirn
runzelt, lacht, springt, weint oder sie um nichts in der Welt
versäumt haben möchte. Dinge und Handlungen, verstehst du, können jede Menge wirklicher und verifizierba-
rer Eigenschaften haben. Aber gut und böse, besser und
schlechter – das sind keine wirklichen Eigenschaften von
Dingen, das sind nur Ausdrücke dafür, was wir über sie
empfinden.

GEORGE: Sagt Archie.

Pause.

DOTTY: Leider fühle ich mich heute nicht sehr wohl. Wenn du
willst, werde ich ihn nicht sehen. Dann sind wir beide
allein, du und ich, unter diesem altmodischen silbrigen
Erntemond, der manchmal auch blau ist und immer auf die
Liebenden scheint – wohlbekannt in Carolina, höchst

beliebt in Allegheny, eng vertraut in Vermont. *(Die Schraube beginnt sich in ihr zu drehen.)* Der verdammte Mond, wie Keats ihn besungen hat – denn «was den Dichter und Weisen schreiben ließ, war das Licht der Natur im Paradies» – Und Miltons verdammter Mond «ging auf in umwölkter Majestät, erschien dann königlich, enthüllte sein unvergleichliches Licht und über die Nacht den Silbermantel warf» – Und Shelleys verblödete «Maid im weißen Feuerkleid, die Sterblichen nennen sie» – *Weint:* Ach ja, damals waren die Dinge noch an ihrem Platz!

Sie schluchzt an Georges verständnislosem Herz. Er streichelt ihr Haar. Sie redet in seine Brust hinein.

Ach, Georgie . . .

Er streichelt ihr Haar. Er weiß eigentlich nicht, was er tun soll. Aber er spielt eine anscheinend lange Zeit mit ihrem Haar, hebt es auf, läßt es durch seine Finger gleiten, sieht es an, trennt einzelne Haarsträhnen voneinander. Seine Gedanken haben sich im Haar verfangen, beginnen dann zu wandern und stehen plötzlich still.

GEORGE: Hast du Nurmi gesehen?

Sofort schämt er sich. Aber er hat alles umgebracht. Sie trennen sich. Dotty richtet sich auf.

George geht zur Tür. Hat Bertrand Russell mich . . . je wieder erwähnt?

DOTTY: Ja. Wenn du's genau wissen willst: er hat gefragt, ob du ein Fuchsjäger bist.

Es bleibt ihm nichts andres übrig, als zu gehen, also geht er. In sein Arbeitszimmer. Er hat die Schlafzimmertür zugemacht.

Der Springer hängt sichtbar da.

Dotty blickt die Leiche ohne ersichtliche Gefühlsregung an.

Während der nächsten Szene im Arbeitszimmer bleibt das Licht im Schlafzimmer an. Während dieser Szene hebt Dotty die Leiche vom Haken und setzt sie in einen Stuhl auf die Hinterbühne.

George betritt sein Arbeitszimmer, das Gesicht noch immer mit Seifenschaum bedeckt.

Die Sekretärin hat sein Diktat getippt. Sie reicht ihm die Blätter.
Nur ein Schatten von Interesse daran, daß er Seifenschaum im Gesicht hat.
GEORGE: Ich nehme also an, wir sind uns alle einig, daß Gott existiert, einige rufen «O nein!», ich meine, ein Urgrund, einige rufen «Keineswegs!». Sie haben mir nicht genügend Aufmerksamkeit geschenkt, ich will versuchen, zusammenzufassen, einige rufen «Abtreten!» — Erstens, ist Gott? Zweitens, daß jede Reihe ein erstes Glied hat, bedingt Gott als logische Notwendigkeit. Drittens, jede Reihe hat ein erstes Glied, daher kann der Begriff der Unendlichkeit ohne Anfang a priori verworfen werden, danke. *Greift hastig nach einem Blatt auf dem Schreibtisch.* Fünftens, Mathematik ist nicht bloß die Kunst des Zählens — *Bricht ab. Nimmt ein neues Blatt Papier.* Zu welchem Zweck ich eine besonders abgerichtete Schildkröte mitgebracht habe — *Bricht wieder ab.* Achilles?
Er will wieder ins Schlafzimmer, wo Dotty eben den Springer in den Stuhl gesetzt hat. Der Stuhl steht auf der Hinterbühne, dem Publikum zugewendet. Dotty stellt sich vor den Stuhl mit dem Rücken zum Publikum. Achilles hat er vorn links zurückgelassen, also will George das Schlafzimmer vorn — hinter Dottys Rücken — durchqueren. Die gelbe Hose des Springers wird von Dottys Körper nur mangelhaft verdeckt. Während George die Tür öffnet, läßt Dotty gelassen ihre Morgenrobe über den Rücken herunterfallen, bis er wie eine Draperie bis unter ihre Hinterbacken fällt — sie hält die Arme, die noch in den Ärmeln stecken, zu beiden Seiten ausgestreckt und verdeckt so den Springer. Sie ist also in Rückenansicht nackt von den Schenkeln aufwärts. George wirft ihr einen flüchtigen Blick zu, während er durchs Zimmer geht.
Popopacetepl?
Dotty hebt die Robe höher, um ihre Hinterbacken zu verhüllen.
Rücken? ... Rückwärts ...?
Er hebt die Schildkröte auf. Dotty wendet sich leicht, um

ihn kokett über ihre Schulter anzusehen. Er geht wieder quer durchs Zimmer zur Tür.

Rückwärts, rückwärts, Don Rodrigo!

Rückwärts, stolzer Cid!

Er geht ab, schließt die Tür hinter sich und betritt wieder das Arbeitszimmer.

Dotty zieht ihre Robe wieder hoch.

Das Schlafzimmer versinkt im Dunkel.

Im Studierzimmer hebt er den Bogen und einen Pfeil auf.

Zu sich: Der Rektor?

Die Türglocke klingelt. Er zögert.

Er kommt früh. *Blickt auf seine Uhr.* Lieber Gott, das ist berufswidriges Verhalten. Er ist doch eben erst weggegangen. *Er marschiert zur Tür, seinen Pfeil und Bogen schwenkend, und flüstert der Schildkröte etwas zu, indem er seinen Mund an ihr Ohr, oder in die Gegend ihres Ohres hält.*

Jetzt könnt ich's tun, Achilles.

Er öffnet die Wohnungstür.

Es ist Inspektor Bein. Er trägt einen Blumenstrauß. Vor sich in der Tür sieht er einen Mann, der in einer Hand Pfeil und Bogen hält, in der anderen eine Schildkröte, und dessen Gesicht voll Seifenschaum ist. Bein schrickt vor dem Anblick zurück, und George ist ebenfalls etwas überrascht. Ein rascher Dialog folgt.

Ja?

BEIN: Ah! – Bein!

GEORGE: Wie?

BEIN: Wie in Stein und –

GEORGE: Stein und Bein???

BEIN: Ja – nein. Bein heiße ich, wie in Fliegenbein, Eisbein, Holbein . . . *Pause.* Das ist eine Schildkröte, wie?

GEORGE: Verzeihung, ich hatte einen Psychiater erwartet.

BEIN: Nein, wirklich? *Bein hat sich wieder gefaßt und ist Herr der Lage. Während der letzten Worte ist er an George vorbei eingetreten.*

GEORGE: Eigentlich bin ich mitten in der Arbeit.

Bein ist schon an ihm vorbei. Bein sieht George mit unverhohlenem Interesse an.

BEIN: Was tun Sie denn?

GEORGE: Ich bin Professor für Ethik.

BEIN *wackelt mit dem Zeigefinger*: Freut mich sehr, daß Sie das sagen, mein Sohn. *Bein fährt fort, den Vorraum zu inspizieren.*

GEORGE: Kann ich Ihnen behilflich sein?

BEIN: In meinen Ermittlungen, meinen Sie, oder ganz allgemein? Überlegen Sie sich's genau, bevor Sie antworten — wenn sich's herumspricht, daß Sie mir bei meinen Ermittlungen behilflich sind, ist sofort Ihr Kredit beim Weinhändler futsch. Inspektor Bein, Kriminalpolizei — seien Sie so nett, sagen Sie Fräulein Moore, daß ich da bin.

GEORGE *ziemlich kühl*: Fra u Moore, wenn ich bitten darf.

BEIN: Sie ist verheiratet?

GEORGE: Ja. Ich heiße Moore.

BEIN *scharfsinnig*: Sie sind der Ehemann?

GEORGE: Ja.

BEIN: Professor . . . Moore.

GEORGE: Ja.

Bein läßt seinen geübten Blick über den Vorraum schweifen.

Darf ich Ihnen die Blumen abnehmen, Herr Inspektor?

BEIN: Ich wollte Frau Moore persönlich sprechen.

GEORGE: Sehr freundlich von Ihnen, sich herzubemühen . . .

BEIN: Nicht im mindesten. Wenn ich sie verhaften soll, kann ich das kaum durch Fleurop besorgen.

GEORGE: Verhaften?

BEIN: Der Anschein trügt, Charlie. Frau Moore ist ein besonderer Liebling der Polizei, und ich habe schon so manchen Mann niedergestreckt, der ihre Fotografie in der Kantine mit einem Schnurrbart verzierte — aber das Gesetz ist unerbittlich, es macht keinen Unterschied zwischen arm und reich, berühmt oder unbekannt, unschuldig oder — ich meine, Johnnie, wenn der Telefonanruf, der diese Ermittlung ausgelöst hat, die Laune eines Wahnsinnigen war, wie ich für meine Person vermute, dann werde ich ganz einfach die Gelegenheit benützen, diesen symbolischen Tribut an eine gute Schauspielerin, eine große Sängerin und eine echte Dame zu entrichten – worauf ich mich wieder empfehlen werde, vielleicht mit ihrem Autogramm auf der Hülle dieser oft gespielten, vielgeliebten Grammophonplatte – *nimmt sie aus einer geräumigen Innentasche seines Regenmantels* – und, wer weiß, dem zarten Hauch eines Kusses auf der Wange eines Mannes, der sie immer bewundert hat . . . – *Träumerei* – Jedoch! – sollte sich herausstellen, daß an den Anschuldigungen in bezug auf Vorfälle in dieser Luxuswohnung gestern nacht auch nur ein Körnchen Wahrheit ist, dann wird es einige zerdrückte Blütenkelche auf dem Boden geben, wenn das Gesetz in seiner vollen Majestät auf sie herabfällt wie ein berstendes Haus. Sie haben mich verstanden, Ferdinand. *Tritt ins Arbeitszimmer.* Also hier findet Ihre Ethik statt? *Die Sekretärin starrt ihn an.*

Unnötigerweise: Rühren Sie sich nicht. *Bein führt sich auf, als gehörte ihm die Wohnung, er hebt Dinge auf und legt sie wieder hin, er prüft die maschinengeschriebenen Blätter auf Georges Schreibtisch.*

GEORGE: Das ist meine Sekretärin – wir beide hatten eben – *Er entdeckt im Spiegel an der vierten Wand* – *wobei er das Publikum anstarrt* –, *wie er aussieht. Er legt die Schildkröte sowie Bogen und Pfeil hastig beiseite und wischt sich hastig das Gesicht.* Ach – ich sollte das erklären –

BEIN: Ich male es mir lieber selber aus. Wann kommt Ihre Frau zurück?

GEORGE: Sie ist im Bett – fühlt sich nicht wohl – wartet auf den Doktor.

BEIN: Kieferklemme?

GEORGE: Nein.

BEIN: Dann können wir uns ja unterhalten. Ist Gott was? *Er liest die erste Seite des getippten Manuskriptes.*

GEORGE: Wie? – Ach – das ist ein Vortrag, den ich heute abend an der Universität in einem Symposium halte. Ich bin einer der beiden Hauptredner über das Thema «Der Mensch – gut, böse oder gleichgültig?». Eigentlich geht es jedes Jahr um dasselbe Thema, aber es besteht genug Uneinigkeit über seine Interpretation, um jedesmal einen neuen

Aspekt zu behandeln. Ich wurde zum erstenmal aufgefordert, etwas dazu zu sagen, verstehen Sie ... Ich hatte gehofft, die britische Moralphilosophie um vierzig Jahre zurückzuschrauben, ungefähr an den Zeitpunkt, an dem sie aus der Fahrtrichtung kam, aber leider – obwohl meine Ansichten noch dieselben sind und meine Gedanken zwingend, kann ich die Worte nicht recht finden ...

BEIN: Na ja, «sind Gott?» ist schon einmal falsch.

GEORGE: Oder vielmehr, meine Worte strafen die Idee Lügen, die sie ausdrücken sollen. Selbst die platteste Verallgemeinerung der Wahrheit sieht nach einem besonderen Plädoyer aus, sobald man sie in die Sprache einfängt. Es wäre eine große Chance für mich, wenn ich sie nur ausnützen könnte ... Ich meine, es ist wirklich das Ereignis des Jahres. *Pause.* In der Welt der Ethik, natürlich.

BEIN *legt das Manuskript weg*: Eine Welt, in der ich nicht unbedingt zu Hause bin.

GEORGE: Nein.

BEIN: Mich interessiert am meisten die leichte Muse und gleich danach meine Detektivarbeit. Wenn das der größte Raum der Wohnung ist, werde ich Sie wohl nicht weiter bemühen.

GEORGE: So. Na ja ... das Schlafzimmer ist ungefähr genauso groß, aber natürlich gibt's da noch den Salon ...

BEIN: Salon? Großer Raum?

GEORGE: Groß, ja, das war der Ballsaal, bevor das Haus in Wohnungen aufgeteilt wurde.

BEIN: Hohe Decke?

GEORGE: Ja.

BEIN: Aha. Geht eine Truppe von Akrobaten rein?
Pause.

GEORGE: Ja. Leider.

BEIN: Sie merken, worauf ich hinauswill, Sidney? Gehen wir's ansehen. *Bein verläßt das Arbeitszimmer.*
Nach einem Augenblick ratlosen Zögerns folgt George ihm rasch und holt ihn außerhalb der Tür ein, die er hinter sich schließt.

GEORGE: Herr Inspektor! – Ich glaube, ich kann Ihnen bei

44

Ihrer Ermittlung helfen. Ich bin Ihr Mann. Ich bin der geheimnisvolle Anrufer.

Pause.

BEIN: Sie haben die Anzeige gegen Ihre Frau erstattet, Herr Professor?

GEORGE: Nun ja. Also eigentlich mehr gegen mich selbst als gegen meine Frau.

BEIN: Anonym. Gegen sich selbst?

GEORGE: Ja.

BEIN: Komische Art haben Sie, die Dinge anzugehen. Wollen Sie vielleicht ein Plädoyer auf Geistesverwirrung vorbereiten?

GEORGE: Ich verstehe Sie nicht. Ich habe meinen Namen nicht genannt, weil ich kaum eine Beschwerde gegen Lärm hätte vorbringen können, der aus meiner eigenen Wohnung kommt. Ich habe also getan, als wäre ich ein Nachbar, der nicht schlafen kann.

BEIN: Sie haben wegen des Lärms angerufen?

GEORGE: Ja.

BEIN: Sie haben keinen – Akrobaten erwähnt?

GEORGE: Hab ich?

BEIN: Oder eine nackte Frau, die vom Kronleuchter schaukelt?

GEORGE: O doch. Jetzt schäme ich mich, es zu sagen. Ich habe gesagt, ich kann sie vom gegenüberliegenden Fenster aus sehen. Ich dachte mir, wenn ich etwas von Unmoral andeute, dann kommt die Polizei ein bißchen rascher als wegen bloßen Übermuts. Kein Wort wahr daran, natürlich. Ich meine, daß ich an einem Fenster gegenüber war. Jedenfalls ziehe ich meine Beschwerde zurück. Die junge Frau hat einen tadellosen Leumund und ist gewöhnlich ausnehmend selbstbeherrscht. Es kam da eine Seite an ihr heraus, die ich vorher nicht an ihr kannte. In ausgelassener Laune vermutlich. Übrigens – ich weiß nicht, wer bei Ihnen das Telefon abhebt, aber der sagte mir, ich soll meine Vorhänge zuziehen und daran denken, daß ich auch einmal jung war. Nicht, was man erwartet hätte.

BEIN *zieht ein Notizbuch heraus*: Wer war bei dem Empfang?

GEORGE: Ach ... Akademiker, Schriftsteller, Ärzte, Philosophen, Schauspieler, Musiker, Parteifunktionäre, Akrobaten; und natürlich auch der Rektor, der von alldem etwas hat.

BEIN: Gemischte Gesellschaft.

GEORGE: Eigentlich nicht. Ich meine, das sind alles prominente Radikalliberale. Es war eine Siegesfeier.

BEIN: Sie haben nicht mitgefeiert?

GEORGE: Nein. Politik interessiert mich nicht. Ich wollte meinen Vortrag schreiben. Abgesehen von zwei Schlummerstündchen auf dem Sofa am frühen Morgen war ich hart bei der Arbeit. Ach, ein- oder zweimal hab ich reingeschaut, hauptsächlich, um ihnen zu sagen, sie sollen die Musik leiser machen. Mein Vortrag kam nicht recht in Schwung, und ich habe kräftig untermauerte Erwiderung von Professor McFee vorausgesehen, der seiner Sache offenbar vollkommen sicher war, denn er war einer von denen, die den ganzen Krach machten.

BEIN: Professor McFee?

GEORGE: Professor für Logik und mein Hauptwidersacher bei dem Symposium. Ein sehr guter Mann auf seine Art, oder vielleicht sollte ich lieber sagen, er erfreut sich allgemeiner Achtung — an Gut und Böse an sich glaubt er natürlich nicht.

BEIN: Wirklich? Wie meinen Sie das?

GEORGE: Er meint, gut und böse sind nicht eigentlich gut und böse in irgendeinem absoluten oder metaphysischen Sinn, er hält sie für Kategorien, die wir selbst geschaffen haben, soziale und psychologische Konventionen, die wir aufgerichtet haben, um das Zusammenleben in Gruppen zu einer praktischen Möglichkeit zu machen, ungefähr so, wie wir Tennisregeln entwickelt haben, um die Weltmeisterschaften in Wimbledon vor dem völligen Chaos zu bewahren, verstehen Sie? Zum Beispiel würde McFee sagen: wenn wir etwa «gut» nennen, daß einer die Wahrheit spricht, und «böse» nennen, daß einer, sagen wir, zufällig einen Mord begangen hat, dann — Sie wollen das alles wohl nicht so genau wissen, wie?

BEIN *mit gezücktem Bleistift und aufgerissenen Augen*: Ich bin ganz Ohr.

GEORGE: So. Also, einfach gesprochen glaubt er, daß die Menschen mehr oder weniger die Wahrheit sagen und ihre Versprechen halten sollen, und so weiter – aber ausschließlich deshalb, weil zweifellos, wenn ein jeder umhergeht und Lügen erzählt und ohne weiteres sein Wort bricht, ein normales Leben unmöglich wird. Natürlich definiert er die Normalität als einen Zustand, in dem die Wahrheit gesprochen wird und Versprechen eingehalten werden, et cetera, daher bewegt sich seine Definition im Kreis und ist nicht viel wert, aber, und darauf kommt es an – sie erlaubt ihm die Schlußfolgerung, daß Lügenerzählen keine S ü n d e ist, nur einfach antisozial.

BEIN: Auch ein Mord.

GEORGE: Auch ein Mord, ja.

BEIN: Er meint, es ist nichts d a b e i, Menschen umzubringen?

GEORGE: Na ja, wenn man es so ausdrückt . . . Aber p h i l o s o- p h i s c h gesehen, meint er nicht, daß an und für sich etwas dabei ist, daß es verwerflich ist – nein.

BEIN *verblüfft*: Was für eine Art Philosophie ist das?

GEORGE: Hauptrichtung, würde ich sagen. Orthodoxe Hauptrichtung. –

Bein kratzt sich den Kopf. George fixiert ihn unschuldig.

BEIN: Wie würden Sie ihn beschreiben – diesen McFee?

GEORGE: Duncan? Na, total verrückt natürlich. Das sind sie ja alle . . . Also, Herr Inspektor, tut mir leid, Ihre Zeit so lange in Anspruch genommen zu haben, aber jetzt muß ich Sie wohl nicht weiter bemühen. My home ist my castle, eh? *Er öffnet die Wohnungstür.*

BEIN *tut, als sähe er es nicht, ironisch*: In solchen Fällen liegt uns d o c h daran, den Tatort genauer zu untersuchen –

GEORGE: Ach wirklich? Wozu?

BEIN: Das ist bei uns so üblich . . . Wo finde ich eine Vase?

GEORGE: Eine Vase? In der Küche.

BEIN: Dieser verrückte McFee – hat der einen Revolver?

GEORGE: Ich weiß nicht. Ich glaube, er hat eine Angelrute – ach nein, Sie verstehen nicht. Er würde doch niemanden umbringen. Er ist dagegen. Er meint, es sollte nicht erlaubt sein. Am liebsten würde er es auf ein Minimum reduzieren. Sonst geht ja alles in Scherben. Er wäre genauso wenig imstande, jemanden umzubringen, wie der Erzbischof von Canterbury. *Kurze Pause.* Weit weniger, würde ich sagen.

BEIN: Na, wenn das so ist, dann seh ich keinen Unterschied darin, ob er nun glaubt, daß er sich an die Zehn Gebote hält oder an die Tennisregeln.

GEORGE: Der Unterschied besteht darin, daß man die Tennisregeln ändern kann.

Sofort darauf: Marschmusik.
Aufmarsch auf den Wandschirm.
Licht an im Schlafzimmer.
Bein geht zur Küche ab.
George schließt die Wohnungstür.
Dotty hört die Tür gehen.

DOTTY: Archie! . . .

Dotty hat auf den Wandschirm gesehen. Der Springer ist unsichtbar. George geht zur Schlafzimmertür und macht sie auf.

GEORGE *von der Schwelle her*: Das ist nicht Archie, das ist die Polizei.

Dotty dreht den Fernseher ab. Der Schirm wird weiß.

DOTTY: Was?

GEORGE: Inspektor Bein. Wegen gestern nacht. Böswillige Beschwerden. Anschuldigungen.

DOTTY: Was für Anschuldigungen?

GEORGE *verlegen, will es bagatellisieren*: Anonymer Anruf, offenbar. Sag's dir später. *Er will abgehen, es ist der erste von mehreren solcher vergeblicher Versuche.*

DOTTY *ist wie gelähmt*: Hat er was von einem Akrobaten gesagt?

GEORGE: Ja. Mach dir keine Sorgen. Ich werde ihn schon besänftigen.

DOTTY: Besänftigen?

GEORGE: Er will sich jetzt den Tatort ansehen. Was für ein lächerlicher Wirbel.

DOTTY: George . . . du hast davon gewußt?

GEORGE *hält ihre Dankbarkeit für Argwohn*: Hör mal, ich bin durchaus bereit, die Schuld auf mich zu nehmen.

DOTTY: Ach George ... George ... willst du wirklich? *Sie küßt ihn.*

GEORGE: Wenn er Stunk macht, dann erschieße ich ihn da drin.

DOTTY: Georgie!

GEORGE: Du kannst versuchen, ihn zu betören. Er ist wild darauf, dich kennenzulernen. *Verfehlter Abgang.* Er interessiert sich offenbar für Philosophie.

DOTTY: So?

GEORGE: Ja. Ich glaube, ich kann mit ihm reden, kann ihn zur Einsicht bringen, daß man solche Dinge nicht aufzubauschen braucht.

DOTTY *begeistert*: Genau, was Archie darüber sagte.

GEORGE *nickt. Verfehlter Abgang*: Worüber?

DOTTY: Na, über den armen Duncan McFee.

GEORGE: Duncan McFee?

DOTTY: Na, daß man's nicht aufzubauschen braucht. Es ist jammerschade, aber die Alternative ist ja nicht gerade Unsterblichkeit.

GEORGE *nickt. Hört auf zu nicken*: Wie meinst du das?

BEIN *hinter der Bühne*: Hallo! *Tritt aus der Küche auf.*

Dotty schiebt George aus dem Schlafzimmer und schließt die Tür.

Das Schlafzimmer wird dunkel.

George wendet sich um und stößt auf Bein, der aufgetaucht ist und zur Hinterbühne geht, die Blumen jetzt in einer Metallvase.

Sagen Sie mir eines — wer sind diese Akrobaten?

GEORGE: Logische Positivisten, hauptsächlich, dazu der oder jener analytische Linguist, zwei benthamistische Utilitarier ... Ex-Kantianer und Empiristen im allgemeinen ... und natürlich die üblichen Behavioristen ... eine Mischung aus den philosophisch orientierten Mitgliedern des Turnvereins der Universität und den athletisch interessierten Mitgliedern der philosophischen Fakultät. Ein so enges Band zwischen Turnen und Sport besteht meines Wissens nur an unserer Universität und ist das Verdienst des Rektors, der zwar ein erstklassiger Turner ist, aber ein unbedeutender Philosoph.

Bein starrt ihn an, geht dann ins Arbeitszimmer und setzt sich nieder wie ein Mensch, der sich hinsetzen muß.

George kommt nach. Eine merkwürdige Interessenverbindung, aber natürlich im alten Griechenland.

BEIN: Wir sind nicht im alten Griechenland, verdammt noch mal.

GEORGE: Da bin ich ganz Ihrer Ansicht. Ich will sogar nicht das mindeste damit zu tun haben. Und wenn der Rektor noch so sehr darauf besteht, daß ich besser springen kann als denken, vertrete ich doch immer das Gegenteil... Unter diesen Umständen hatte ich noch Glück, den Lehrstuhl für Ethik zu bekommen. *Sein Ton deutet mit Recht an, daß es keine große Auszeichnung ist.* Nur der Lehrstuhl für Theologie liegt noch tiefer auf der Skala, und der ist schon ein halbes Jahr lang unbesetzt, weil der letzte Inhaber eine Stellung als Kooperator einer Diözese im westlichen Mittelengland annahm.

BEIN: Warum sind Sie dann nicht mit den anderen... gesprungen?

GEORGE: Ich gehöre einer Schule an, die alle abrupten Bewegungen für unerzogen hält. McFee dagegen, der eine Professur als Freibrief für Exzentrizität ansieht und vor allem so verblendet ist, Edinburgh für das Athen des Nordens zu halten, hat bald gelernt, besser zu springen, als er je denken konnte, das trug ihm den Lehrstuhl für Logik ein.

BEIN: Wollen Sie mir einreden, der Professor für Logik ist ein Freizeit-Akrobat?

GEORGE: Ja. Eigentlich eher ein Turner — Akrobatik ist nur die gesellschaftliche Form davon.

BEIN: Das kann ich nur schwer glauben.

GEORGE: So? Wirklich? Und warum?

BEIN *steht auf*: Mir gefällt das nicht, Clarence! So wie das anfing, ruft irgendein verrückter Quasselkopf im Kommissariat an und erhebt eine Menge absurder Anschuldigun-

gen, angefangen mit einer weiblichen Person, die in Dorothy Moores Luxuswohnung in Mayfair nackt an einem
Kronleuchter schaukelt, bis zu einem Professor, der her-
ausgeholt wird, während er in einem Kabarettakt Purzelbäume schlägt, und das alles kommt mir vor wie ein
Ammenmärchen. Also sag ich meinem Wachtmeister, er
soll mal eine Tasse Tee trinken, mach mich selber auf den
Weg und denk mir, endlich hab ich eine Chance, der Dame
meine Aufwartung zu machen, aber gottverdammich, sobald ich den Fuß über die Schwelle setze, fängt die Sache
an, echt auszusehen – Gehen Sie nicht weg, ja?

*Mit seiner Blumenvase ist er zur Tür gegangen, geht hin-
aus und schließt die Tür hinter sich. Vor der Schlafzimmertür glättet er kurz sein Haar, bürstet mit der Hand seine
Rockaufschläge, holt die Grammophonplatte hervor, die
ein Bild von Dotty auf der Hülle trägt, klopft einmal ganz
leicht an die Schlafzimmertür und tritt ins Schlafzimmer
ein.*

*Das Licht ist romantisch: rosa Vorhänge sind über die Fen-
stertür gezogen und das Licht hat einen rosigen Schimmer.
Dotty, in schönem langem Kleid, frisiert, berückend anzu-
sehen, steht auf, um dem Inspektor entgegenzutreten.
Musik wird hörbar… feierliche Mozart-Trompeten
(«Zauberflöte?»).*

*Dotty und Bein stehen einander gegenüber, festgefroren
wie Liebende in einem Traum.*

*Bein hebt leicht den Kopf, und auf die Trompeten folgt ein
lautes tierisches Brüllen wie ein Paarungsruf.*

DOTTY *streckt ihm die Arme entgegen und haucht:* «Herr
Inspektor» – *wie eine gesprochene Liebkosung.*

*Aus Beins starren Fingern fällt die Vase zu Boden. Ein
Geräusch, als hätte er sie eine riesige Treppe von Steinflie-
sen herunterfallen lassen. Bein ist sprachlos.*

DOTTY *setzt ein langes, langsames Lächeln auf:* «Herr Inspektor…»

*Hinter den geschlossenen Vorhängen hervor fällt der steife
tote Springer ins Zimmer wie eine zu hastig angelehnte
Latte.*

Rasche Verdunklung und Licht aus, nur im Schlafzimmer.
Die Geräusche waren keine Einbildung: sie sind aus
Georges Tonbandgerät gekommen, das er gleichzeitig ab-
gespielt hat und jetzt kurz zurückspult.

GEORGE *hebt sein Manuskript auf, schnalzt die Finger, um*
seine Sekretärin aufmerksam zu machen, und beginnt:
Professor McFees Einführungsvortrag, mit dem mich aus-
einanderzusetzen ich die Ehre habe, liegt Ihnen wohl allen
vor. Mit überaus eindrucksvollem, akrobatischem Ge-
schick, haha, danke schön, schwingt sich Professor McFee
zu der Beweisführung auf, daß ethische Urteile derselben
Kategorie angehören wie ästhetische Urteile, daß die
Bezeichnungen «guter Mensch» und «gute Musik» in glei-
cher Weise auf Vorurteilen beruhen, kurz, daß das Gute,
sei es nun ein Attribut von Menschen oder von Musik, von
Ihrem Standpunkt abhängt. Indem er den Begriff des Schönen als ästhetischen absoluten Wert entwertet, hofft er
analog auch den Begriff des Guten als absoluten ethischen
Begriff zu entwerten, und als ersten Schritt heißt er uns
verschiedene Arten von Musik anhören. *Er greift nach sei-*
nem Tonbandgerät. Professor McFee verweist uns besonders auf den Schönheitsbegriff einerseits in der Vorstellung
Mozarts, und hier kann ich ihm glücklicherweise behilflich
sein – *spielt ganz kurz die Mozart-Trompeten* – und andererseits in der Vorstellung einer Musikantengruppe auf
einer Hochzeitsfeier in einem Teil von Äquatorialafrika,
den nur Produzenten eines Dokumentarfilms besuchen,
wie ihn Professor McFee an einem jener seltenen Abende
im Fernsehen sah, an denen er zufällig zu Hause ist, statt
durch den Reifen des Rektors zu springen – das darf ich
nicht sagen, wie ihn Professor McFee zufällig eines Abends
im Fernsehen sah. Er fordert uns auf, ihm darin beizustim-
men, daß die Schönheit ein vieldeutiger und kein universaler Begriff ist. Ich persönlich hätte ihm beigestimmt, ohne
zu murren, aber der Professor, dessen Belesenheit ungefähr
so weit reicht, wie er hochspringen kann . . .
Die Sekretärin hebt den Kopf.
. . . na schön, na schön, der Professor unterstützt sein

Argument durch verschiedene literarische Hinweise, darunter eine bemerkenswerte Stelle aus «Tarzan der Affe», in dem der Knabe Tarzan, der sein Gesicht zum erstenmal in einem Teich im Dschungel erblickt, seine menschliche Häßlichkeit beweint, verglichen mit der Schönheit der Affen, unter denen er aufgewachsen ist. Ich möchte mich über Professor McFees Unfähigkeit, zwischen Wahrheit und Dichtung zu unterscheiden, nicht weiter verbreiten, aber was die musikalischen Beispiele betrifft, so könnte man hervorheben, daß die Geräusche Mozarts und die Geräusche der Afrikaner gewisse Dinge gemeinsam haben, die dem Geräusch, sagen wir, eines Kohleneimers, den man auf ein Blechdach entleert, nicht innewohnen. Tatsächlich habe ich heute abend zwei weitere Aufnahmen von Trompeten mitgebracht, erstens einmal das Trompeten eines Elefanten — *er spielt den Brüllton, den wir schon gehört haben* — ... und ich fordere Professor McFee auf, zuzugeben, daß der Unterschied zwischen diesem Ton und seinem geliebten Mozart eher auf irgendeine geheimnisvolle Qualität der Musik zurückzuführen ist als auf sein an Klassik gewöhntes Ohr. Wenn ich seine Erwiderung vorwegnehme, daß das letztere Geräusch einem Elefanten schöner vorkommen muß, dann kann ich ihm darauf antworten — *er spielt das letzte der Geräusche, die wir bereits hörten* — nämlich mit dem Geräusch einer Trompete, die eine hohe Steintreppe herunterfällt. Wie dem auch sei, im Augenblick geht es mir nicht darum, Professor McFees Ansichten über Ä-sthetik zu bestreiten, ich will lediglich klarstellen, wohin ihn diese Ansichten führen müssen, das heißt zu dem folgenden Schluß: Wenn drei verschiedene Arten von Geräuschen, die wir «Mozart», «Elefant» und «Steintreppe» nennen wollen, in einem leeren Zimmer gespielt würden, wo keiner sie hören kann, dann könnte man nicht sagen, daß in diesem Zimmer eines dieser Geräusche einem der beiden anderen auf irgendeine Weise überlegen wäre. Das mag natürlich der Fall sein, aber Professor McFee hält sich gar nicht dabei auf, eine solche reductio ad absurdum auch nur in Betracht zu ziehen, denn er hat wichtigere

Eisen im Feuer, und so fährt er denn fort, analog, aber noch viel ausführlicher nachzuweisen, daß auch das Wort «gut» für verschiedene Menschen zu verschiedener Zeit verschiedene Bedeutungen gehabt hat, eine Gedankenübung, die Einfalt und Überflüssigkeit in einem Maß verbindet, das er offenbar nicht einmal zu ahnen scheint, denn einerseits ist das eine Aussage, die niemand bestreiten würde, und zweitens kann kein nützlicher Schluß aus ihr gezogen werden. Es ist überhaupt keine Aussage über Werte: es ist eine Aussage über die Sprache und deren Gebrauch innerhalb einer bestimmten Gesellschaft.

Nichtsdestoweniger führt uns Professor McFee an der Nase in diese längst ausgetretene Sackgasse hinein und weist da und dort am Wege auf einen interessanten Anblick hin ... etwa auf den Volksstamm, der seine kränklichen Kinder umbringt, den Volksstamm, der seine alten Eltern auffrißt, und so weiter, ohne einen Augenblick innezuhalten und sich zu überlegen, ob die Bedingungen für kollektives Überleben oder die Vorstellung von Ehrfurcht vor den Altvorderen bei den Nomaden im Atlasgebirge oder in einem brasilianischen Regenwald nicht anders sein könnten als die in einer englischen Provinz. Gewiß wird ein Volksstamm, der sich einbildet, seine Altvorderen zu ehren, indem er sie auffrißt, von einem anderen Volksstamm, der ihnen lieber irgendwo einen kleinen Bungalow kauft, scheel angesehen werden, und Professor McFee sollte sich nicht wundern, daß die Vorstellungen von Ehrfurcht sich in Menschen, die in bezug auf Klima und Zivilisation so weit voneinander entfernt sind, so verschieden manifestiert. Weit überraschender aber ist es sicherlich, daß Vorstellungen wie die der Ehrfurcht sich überhaupt manifestieren. Denn was ist Ehrfurcht? Was sind Stolz, Scham, Mitgefühl, Großzügigkeit und Liebe? Wenn es Instinkte sind, was sind dann Instinkte? Die moderne Philosophie neigt vorwiegend dazu, den Instinkt wie eine Art Endstelle für jeden Gedankengang zu behandeln, der unsere Impulse an ihren Ursprung zu verfolgen sucht. Aber was kann man als den Impuls einer wahrhaft altruistischen Handlung ansehen? Hobbes hätte vielleicht geantwortet: Selbstachtung, aber was ist so anziehend daran, besser von sich zu denken? Was ist besser? Ein Wilder, der sich dafür entscheidet, seinen Vater zu ehren, indem er ihn auffrißt, statt sich der Leiche auf irgendeine – für ihn schmähliche – Weise zu entledigen, zum Beispiel indem er sie in einer Teakholzkiste begräbt, trifft insofern eine ethische Wahl, als er glaubt, zu handeln, wie ein guter Wilder handeln muß. Woher stammt dieses Gefühl, daß manche Handlungen besser sind als andere? Nicht nützlicher oder angenehmer oder beliebter, sondern ganz einfach und ganz sinnlos besser? Was, kurz gesagt, ist so gut an dem Guten? Professor McFee gelingt es lediglich, uns zu zeigen, daß von verschiedenen Handlungen in verschiedenen Situationen mit Recht oder Unrecht angenommen werden kann, sie seien förderlich für jenes Gute, das von Zeit und Ort unabhängig und erkennbar, aber nicht nennbar ist. Es ist nicht nennbar, weil es nicht eine andere Art ist, auf diese oder jene Eigenschaft hinzuweisen, die wir beschlossen haben, als tugendhaft anzusehen. Es ist nicht Mut und es ist nicht Aufrichtigkeit oder Treue oder Güte. Die nicht mehr ableitbare Tatsache, daß etwas gut ist, wohnt einer bestimmten Handlung nicht eher inne als deren Gegenteil, sie liegt vielmehr in der Existenz einer Beziehung zwischen den beiden. Sie besteht dann, wenn das Gefühl für Vergleiche in Ordnung ist.

Musik! Lichter! Dorothy Moore – persönlich! In Wahrheit ist es ein Auszug aus Dottys Grammophonplatte, die im Schlafzimmer gespielt wird, und Dotty tanzt und agiert im Takt dazu, während Bein das Schlafzimmer verläßt: sein Öffnen der Tür hat die Szene ausgelöst. Auch George geht in den Vorraum, wo er auf Bein stößt. Wir können nicht hören, was sie sagen, weil die Musik zu laut ist.

George führt Bein nach vorn zum Küchenausgang, und geht mit ihm ab.

Dotty wiegt sich immer weiter und agiert: der Song ist «Sentimental Journey».

Der tote Springer liegt da, wo er hingefallen ist.

Die Sekretärin geht zu ihrer Schreibmaschine.

Die Wohnungstür geht auf, Archie tritt ein und bleibt an der Tür stehen, die er fest hinter sich zumacht. Er steht da und horcht — ein gutaussehender Mann, überaus elegant gekleidet: Orchidee im Knopfloch, Zigarette in einer langen schwarzen Spitze, dazu alles andere, was diese Details andeuten. Er öffnet vorsichtig die Tür zum Arbeitszimmer.

Die Sekretärin blickt auf. Sie nickt ihm zu, aber man kann keine Schlüsse daraus ziehen.

Archie zieht sich zurück und schließt die Tür. Er kommt nach vorn und schaut in den Korridor zum Küchentrakt hinüber, er kehrt zur Wohnungstür zurück und öffnet sie weit.

Sieben Springer in gelben Trainingsanzügen treten geschmeidig ein. Vier von ihnen tragen einen Apparat von unbestimmter Bedeutung: vielleicht ist es eine Fernsehkamera. Sie tragen auch zwei Scheinwerfer auf hohen Ständern, die sich zum Filmen eignen. Diese Gegenstände könnten auch in einer Kiste sein.

Sechs von ihnen betreten das Schlafzimmer, dessen Tür Archie ihnen öffnet.

Ein Springer kommt nach vorn, um den Rücheneingang zu bewachen.

Im Schlafzimmer ist Dotty freudig überrascht vom Eintritt Archies und der Springer. Sie stellen die «Kamera» und die Scheinwerfer hin. Sie sind gekommen, um die Leiche abzuholen.

Das Lied beherrscht die ganze Szene. Nichts anderes wird hörbar, und sein Rhythmus beeinflußt den Vorgang des Abschleppens der Leiche, denn Dotty wiegt sich immer weiter im Takt und schnalzt mit den Fingern, während sie die Truppe willkommen heißt, und die Springer reagieren ein wenig darauf, so daß der Effekt eine kleine, einfache und improvisierte Choreographie zwischen Dotty und den Springern ist.

Archie bewegt sich nach vorn, mit dem Gesicht zum Publikum, und zieht wie ein Zauberer, der einen Trick vorführen will, ein kleines viereckiges Stück Material wie ein Taschentuch aus der Tasche, das er entfaltet und entfaltet, bis es ein riesiger Plastikbeutel ist, ein Meter achtzig lang, den er zwei Springern übergibt. Diese zwei halten die Öffnung des Beutels an der Tür auf. Am Höhepunkt des «Tanzes» werfen die vier Springer die Leiche in den Beutel. Der Beutel wird verschlossen, die Tür wird zugemacht, die Springer gleiten geschmeidig davon, die Wohnungstür wird zugemacht, und wenn der letzte Ton des Liedes erklingt, sind nur noch Archie und Dotty auf der Bühne übrig.

Licht aus.

ENDE DES ERSTEN AKTES

Das Schlafzimmer ist verdunkelt, aber Musik dringt immer noch heraus — vermutlich die nächste Nummer der Platte. («Forget Yesterday», «Denk nicht an gestern» Text von Stoppard, Musik von Marn Yilkinson.) Es sind nur ein bis zwei Minuten vergangen.

Bein erscheint vom Mücheneingang her. Er rollt einen mit dem Mittagessen reich beladenen Teewagen vor sich her. Auf diesem stehen eine zugedeckte Kasserolle, eine Flasche Wein in einem Eiskübel, zwei Gläser, zwei Teller, zwei von allem — mit einem Wort, ein Mittagessen für zwei, sehr elegant serviert.

Ihm folgt George, der ein paar Salatblätter und eine Mohrrübe in der Hand hält und geistesabwesend an ihnen knabbert.

GEORGE: Was meinen Sie damit, wie er aussieht? Er sieht aus wie ein Kaninchen mit langen Beinen.

Aber Bein ist stehengeblieben und lauscht Dottys Stimme, wie jemand in der Peterskirche einhalten mag, wenn er die Chorknaben hört.

BEIN: Das war's . . . das hat sie damals gesungen . . . Ich weiß noch, wie ihre Stimme plötzlich abbrach, wie ihr die Tränen in die Augen stiegen, wie sie von einem Schluchzen geschüttelt war . . . und dann dieser entsetzliche lachende Aufschrei, als man vor der ersten Dame des Musicals den Vorhang fallen ließ — und nie wieder ist er aufgegangen! Ach, es gibt viele Sterne am Londoner Theaterhimmel, aber es gab nur eine einzige Dorothy Moore . . .

GEORGE: Ja, ich muß sagen, darum beneide ich sie. Es hat gar nicht so viele Philosophen gegeben, aber gleich zwei davon heißen George Moore, und das führt ja doch dazu, das Gewicht des eigenen Namens zu vermindern. Ich denke mir immer, wenn das nicht gewesen wäre, dann hätte mein

Buch «Begriffsprobleme der Erkenntnis und des Geistes» Furore gemacht.

BEIN: Irgendeine Aussicht, daß es noch mal gelingt, Herr Professor?

GEORGE: Nun, ich hoffe immer, noch einen Verleger dafür zu finden. Ich habe auch eine Sammlung von meinen Aufsätzen zusammengestellt unter dem Titel «Sprache, Wahrheit und Gott». Ein amerikanischer Verleger hat sich dafür interessiert, aber er will sie selbst redigieren und ihr einen anderen Titel geben: «Ihr sollt dran glauben» . . . Na ja, es wäre auch nicht schlimmer, als von den Grammophonplatten meiner Frau zu leben.

BEIN: Eine vollendete Künstlerin, Herr Professor. Mir ist es wirklich nahegegangen, daß sie sich aus dem Verkehr gezogen hat.

GEORGE: Leider hat sie sich zur gleichen Zeit auch vom Verkehr zurückgezogen.

BEIN: Es war ein persönlicher Verlust.

GEORGE: Genau. Hat's einfach aufgegeben. Ich weiß nicht warum.

BEIN *versteht ihn endlich*: Mir brauchen Sie nichts zu erklären, Herr Professor. Vor ihren treuen Anhängern läßt sich nichts verbergen. Zufällig hatte auch ein Bruder von mir einen Nervenzusammenbruch. Das ist was Furchtbares. Diese ständige Hochspannung, wissen Sie. Diese Hochspannung, wenn man ein Star ist.

GEORGE: War Ihr Bruder ein Star?

BEIN: Nein, er war Osteopath. «Das Gebein» nannte man ihn. Jeder Patient mußte irgendeinen kleinen Witz über ihn machen. Hat ihn schließlich in den Wahnsinn getrieben.

Sie sind in die Nähe der Schlafzimmertür gelangt, aber Bein läßt plötzlich den Teewagen stehen und führt George nach vorn.

Ernsthaft: Dorothy ist ein zartes Wesen, verstehen Sie, wie ein kleines Vögelchen mit schimmernden Augen, das man in der Hand halten kann und die kleinen zerbrechlichen Knöchlein durch das samtene Gefieder spüren — verletzlich, wissen Sie, überempfindlich. Kein Wunder, daß sie unter dieser Belastung zusammenbrach. Und so leicht kommt man auch nicht darüber weg. Das kann Jahre dauern, die Auswirkungen nachher – das baut sich langsam wieder auf, innen drin, bis man eines Tages – knacks! irgend etwas tut, einen Gewaltakt vielleicht, ganz gegen die eigene Natur, Sie wissen, was ich meine. Einfach eine Art Kurzschluß. Wobei sie gar nicht weiß, was sie tut. *Er packt George am Arm.* Und ich sollte denken, jeder Psychiater von Rang müßte durchaus bereit sein, das zu bestätigen. Natürlich wäre der nicht billig, aber es läßt sich machen, folgen Sie mir?

GEORGE *verwirrt*: Nicht unbedingt.

BEIN: Na, Ihre Frau sagt doch, Sie können alles aufklären, und Sie sagen, daß Sie voll und ganz dafür verantwortlich sind, aber –

GEORGE: Reden Sie immer noch davon –? Du meine Güte, mir ist einen Augenblick die Geduld gerissen, mehr nicht, da habe ich die Sache in die Hand genommen.

BEIN: Wegen des Lärms?

GEORGE: Ganz richtig.

BEIN: Ging das nicht etwas zu weit?

GEORGE: Ja, ja, ein bißchen schon.

BEIN: Hilft nichts, Wilfred. Ich glaube, Sie versuchen, sie zu decken.

GEORGE: Wen?

BEIN: Ist doch verständlich. Gibt es einen Mann, der mitansehen kann, wie dieses holde Geschöpf ins Unglück gerät –

GEORGE: Übertreiben Sie da nicht ein wenig? Es kommt doch darauf an, daß ich als Hausherr dafür verantwortlich bin, was in dieser Wohnung geschieht.

BEIN: Ich glaube nicht, daß es zu den Pflichten eines Hausherrn gehört, jedes Verbrechen auf sich zu nehmen, das an Ort und Stelle begangen wird.

GEORGE: Verbrechen? Das nennen Sie ein Verbrechen?

BEIN *etwas erregter*: Na, wie würden Sie es nennen?

GEORGE: Es war doch nur ein bißchen Spaß! Wo bleibt Ihr Humor, Mensch?

BEIN *fassungslos*: Ich weiß nicht, aber Ihr verdammten Philosophen seid doch alle gleich, wie? Ein Mann ist tot, und Sie bewahren eine eisige Ruhe. Mit Tränen in den Augen hat Ihre Frau mich angefleht, Sie sanft anzufassen, und ich kann Ihnen sagen, ich war tief bewegt —

GEORGE: Verzeihen Sie —

BEIN *wütend*: Aber Sie verdienen sie nicht, Freundchen. Warum in aller Welt hat sie nur Sie genommen, wo es so viele bessere Männer gibt — anständige, starke, fürsorgliche, verständnisvolle, empfindsame —

GEORGE: Sagten Sie, jemand ist tot?

BEIN: Mausetot, im Schlafzimmer.

GEORGE: Machen Sie sich nicht lächerlich.

BEIN: Der Leichnam liegt auf dem Boden.

GEORGE *geht zur Tür*: Sie haben offenbar den Verstand verloren.

BEIN: Rühren Sie ihn nicht an — er muß noch auf Fingerabdrücke untersucht werden.

GEORGE: Wenn ein Leichnam auf dem Boden liegt, dann sind meine Fußabdrücke drauf. *Er öffnet die Tür zum Schlafzimmer. Im Schlafzimmer ist niemand zu sehen. Die Vorhänge (oder Wandschirme) umgeben das Bett. Die zweideutige Maschine — der Dermatograph — ist so aufgestellt, daß sie mit ihrer Linse durch einen Schlitz in den Vorhängen durchguckt, die Scheinwerfer sind so um das Bett herum postiert, daß sie über die Vorhänge hinweg das Bett beleuchten. Der Fernsehapparat ist durch ein Kabel mit dem Dermatograph verbunden.*

George bleibt auf der Schwelle stehen.

ARCHIE *von drinnen*: … Da …

DOTTY *von drinnen*: … Ja …

ARCHIE: Da … da …

DOTTY: Ja …

ARCHIE: … und da …

DOTTY: Ja … ja.

Diese Geräusche lassen sich mit einer ordnungsgemäßen Arzt-Patientin-Beziehung durchaus in Einklang bringen. Wenn Dotty dazu neigt, jedesmal leicht aufzuseufzen, dann vermutlich deshalb, weil das Stethoskop kalt ist.

61

Archie könnte es andererseits unter der Hitze der Derma-
tograph-Scheinwerfer zu warm werden.

ARCHIE *von drinnen*: Verzeih ...

Archies Rock kommt über die Vorhänge herausgeflogen.
George zieht sich zurück und schließt die Tür.

GEORGE: Na, jetzt eben ist er mehr als lebendig.

BEIN: Wie meinen Sie das?

GEORGE: Der Arzt meiner Frau.

BEIN: Wirklich? Auf dem Boden?

GEORGE: Er ist Psychiater, berüchtigt wegen seiner Metho-
den. Und aus vielen anderen Gründen.

Mit diesem bitteren Hinweis geht George in sein Arbeits-
zimmer.

Bein betritt mit dem Teewagen vorsichtig das Schlafzim-
mer. Niemand ist zu sehen. Bein hält inne. Einer von
Archies Schuhen kommt über den Vorhang geflogen und
fällt zu Boden. Noch eine Pause. Der zweite Schuh kommt
herübergeflogen und fällt Bein in die Hand. Da kein Auf-
prall erfolgt, wird Archies Kopf sichtbar, der über dem
Vorhang auftaucht.

ARCHIE: Ah! Guten Morgen.

Archie schickt sich an, vom Bett hervorzutreten.
Inzwischen taucht Dottys Kopf über dem Vorhang auf.

DOTTY: Mittagessen! Und Beinchen!

Archie hebt seinen Rock auf, reicht ihn Bein und macht
sich dann bereit, seine Arme in die Ärmel zu stecken, als
wäre Bein ein Diener.

ARCHIE *schlüpft in den Rock*: Danke herzlich. Ziemlich warm
da drinnen. Die Scheinwerfer, wissen Sie.

DOTTY: Ist er nicht süß?

ARCHIE: Reizend. Was ist denn mit Frau Dingsda?

DOTTY: Aber das ist doch Beinchen!

BEIN: Inspektor Bein, Kriminalpolizei.

DOTTY *verschwindet wieder*: Verzeihung.

ARCHIE: Bein ...? Ich hatte mal einen Patienten namens Bein.
War das vielleicht ein Verwandter? Ein Osteopath.

BEIN: Mein Bruder!

ARCHIE: Kann mich gut an den Fall erinnern. Zunamen-Syndrom. Ich habe ihm geraten, den Mädchennamen seiner Frau anzunehmen, die Zeman hieß.

BEIN: Er ist Ihrem Rat gefolgt, aber leider hat er sich der Chiropodie zugewendet. Er ist jetzt in einem Heim in der Nähe von Uxbridge.

ARCHIE: Wie interessant. Über den Fall muß ich schreiben. Das Zunamen-Syndrom ist mein Lieblingskind, wissen Sie.

BEIN: Sie haben es entdeckt?

ARCHIE: Ich habe es selber. Springer ist mein Name – hier meine Karte.

BEIN *liest von der Visitenkarte ab*: Sir Archibald Springer, Dr. med., Dr. phil., Dr. jur., Dr. rer. pol. Mitgl. psych. Ges. dipl. Akr. ... Was heißt das alles?

ARCHIE: Ich bin Doktor der Medizin, der Philosophie, der Rechte und der Staatswissenschaften, Mitglied der Psychiatrischen Gesellschaft und diplomierter Akrobat.

BEIN *reicht ihm die Karte zurück*: Ich sehe, Sie sind Rektor an Professor Moores Universität.

ARCHIE: Keine geringe Leistung, all das, wie? Und ich kann immer noch mehr als zwei Meter springen.

BEIN: Hochsprung?

ARCHIE: Weitsprung. Mein Hauptinteresse aber gilt dem Trampolin.

BEIN: Meines der leichten Unterhaltung ganz allgemein.

ARCHIE: Wirklich? Na, wissen Sie, heutzutage betreibe ich ja mehr Theorie als Praxis, aber wenn Ihnen ein Trampolinakt reizvoll erscheint – ich hatte kürzlich einen Ausfall in einer kleinen Truppe, die ich organisiere, vor allem zu unserem eigenen Vergnügen, aber mit ein paar gesellschaftlichen Verpflichtungen ab und zu –

BEIN: Einen Moment, einen Moment! – Was ist mit Professor McFee passiert?

ARCHIE: Ja eben. Leider muß ich Ihnen sagen, er ist tot.

BEIN: Daß er tot ist, weiß ich –

ARCHIE: Schreckliche Tragödie. Ich allein bin daran schuld.

BEIN: Auch Sie, Sir Archibald?

ARCHIE: Jawohl, Herr Inspektor.

BEIN: Sehr ritterlich, Sir Archibald, aber das hilft uns nichts. *Er wendet sich an den Vorhang. Laut:* Frau Moore, haben Sie den Wunsch, zu diesem Zeitpunkt etwas zu sagen?

DOTTY *ihr Kopf taucht auf:* Tut mir leid?

BEIN: Meine Liebe, uns allen tut es leid . . .
Dotty verschwindet.

ARCHIE: Einen Moment! Ich lasse meine Patientin nicht von der Polizei einschüchtern.

BEIN *nachdenklich:* Patientin . . .

ARCHIE: Ja. Wie Sie sehen, habe ich eine dermatographische Ablesung gemacht.

BEIN *zeigt auf den Dermatograph:* Das da? Wozu ist das gut?

ARCHIE: Es liest die Haut ab, elektronisch. Daher: Dermatograph.

BEIN: Warum ist es mit dem Fernsehapparat verbunden?

ARCHIE: Wir kriegen die Aufzeichnung auf dem Bildschirm. Alle Arten von Störungen unter der Haut zeigen sich an der Oberfläche, wenn wir lernen können, sie abzulesen, und wir lernen das.

BEIN: Störungen? Geistige Störungen?

ARCHIE: Unter anderem.

BEIN *eine neue Intimität:* Sir Archie, kann ich mal vertraulich mit Ihnen reden?

ARCHIE: Genau das wollte ich eben vorschlagen. *Er öffnet die Schlafzimmertür.* Wollen wir hinausgehen? . . .
Bein tritt in den Vorraum.

DOTTY: . . . Sieht alles gar nicht so übel aus. Sozusagen.
Archie folgt Bein in den Vorraum.
Langsame Verdunklung im Schlafzimmer.
Archie und Bein bewegen sich zum Rücheneingang.

BEIN: Das bleibt jetzt unter uns, Sigmund. Ich kann Ihre Gefühle nur zu gut verstehen. Welcher anständige Mann könnte ruhig mitansehen, wie ein so schönes, zartes Geschöpf –
Im Arbeitszimmer hat George zusammengefaßt . . .

GEORGE: Das Studium der Ethik ist ein Versuch, festzulegen, was wir meinen, wenn wir sagen, daß etwas gut ist und etwas anderes böse. Nicht alle Werturteile eignen sich jedoch zum Studium der Ethik. Die Sprache ist ein begrenztes Instrument, mit dessen Hilfe eine unbegrenzte Anzahl von Begriffen unzulänglich erfaßt wird. Dies nicht in Betracht zu ziehen, führt unter anderem die moderne Philosophie dazu, sich lächerlich zu machen, wenn sie Aussagen analysiert wie «Das ist ein gutes Schweinskotelett» oder «Das ist ein guter Tag für Bobby Fischer».

Die Sekretärin hebt bei «Fischer» den Kopf.

Fischer – du lieber Gott, mit s-c-h ...

Abblendung im Arbeitszimmer.

Archie und Bein treten wieder auf.

ARCHIE: Bitte kommen Sie zur Sache, Herr Inspektor. Die nackten Tatsachen sind wie folgt: In der Ausübung einiger bescheidener akrobatischer Kunststücke zur Unterhaltung von Frau Moores Gästen wurde Professor McFee mit einer Kugel, die aus dem Dunkel kam, erschossen. Wir alle sahen, wie er erschossen wurde, aber keiner von uns sah, wer ihn erschoß. Jeder der Anwesenden, McFees Mitturner möglicherweise ausgenommen, hätte den Schuß abgeben können, und jeder hätte einen Grund dafür gehabt, ich selbst übrigens auch.

BEIN: Und was wäre Ihr Motiv gewesen?

ARCHIE: Wer weiß? Vielleicht hatte sich McFee, mein treues Protektionskind, heimlich gegen mich verschworen, einen Klaps gekriegt und sich eingebildet, er sei der heilige Paulus und sein Messias Professor Moore.

BEIN: Scheint mit kein zwingender Grund.

ARCHIE: Hängt davon ab. Moore selbst ist unwichtig – er ist unser zahmer Glaubensritter, auf den wir Besucher in der gleichen Art hinweisen wie auf die herrlichen Kirchenfenster in dem Raum, der jetzt unsere Turnhalle ist. Aber McFee war der Vertreter und Vorkämpfer der philosophischen Orthodoxie, und hätte er damit angefangen, seine Lehrer zur Rückkehr auf den rechten Pfad aufzurufen, dann wäre die Antwort leider nichts anderes gewesen als ein Eispickel in den Hinterkopf.

DOTTY *unsichtbar*: Schätzchen!

ARCHIE: Kann natürlich auch Dorothy gewesen sein. Oder

wer anderer. *Lächelt.*

DOTTY *unsichtbar:* Schätzchen!

BEIN: Mein Rat an Sie, erstens, rufen Sie Ihren Rechtsanwalt hierher —

ARCHIE: Das wird nicht nötig sein. Ich bin Frau Moores Rechtsbeistand.

BEIN: Zweitens: völlig inoffiziell, bewirken Sie Ihren Freispruch durch Zeugenaussagen von Fachleuten — nervliche Überreiztheit, unerträgliche Belastung, und eines Tages — knacks — Kurzschluß, kann sich an nichts erinnern. Auf die Anklagebank mit ihr und wir haben halb gewonnen. Die andere Hälfte besteht darin: Sie sammeln Material gegen den verrückten Schotten McFee, und wenn der Richter nicht selbst aus Edinburgh stammt, kriegt sie drei Jahre bedingt und das Wohlwollen des Gerichts.

ARCHIE: Das ist überaus zuvorkommend von Ihnen, Herr Inspektor, aber ein Erscheinen bei Gericht wäre höchst peinlich für meine Klientin und Patientin. Außerdem bedeuten drei Jahre zur Bewährung keinen unwesentlichen Freiheitsentzug.

BEIN: Um Gottes willen, Mann, wir reden von einer Mordanklage.

ARCHIE: Sie vielleicht. Ich hatte mir folgendes vorgestellt: daß McFee, der auf Grund einer unerträglichen Arbeitsbelastung — an der ich mir selbst die ganze Schuld gebe — nervlich überreizt war, dieses Haus gestern nacht in einer tiefen Depression verließ und in den Park wanderte, wo er in einen großen Plastikbeutel kroch und sich erschoß...

Pause. Bein will den Mund aufmachen, um zu sprechen.

... wobei er diesen Zettel hinterließ... *Archie zieht ihn aus der Tasche....* der zusammen mit der Leiche im Beutel von ein paar Turnern auf ihrem Übungslauf am frühen Morgen aufgefunden wurde.

Pause. Bein will den Mund aufmachen.

Hier ist der Totenschein des Gerichtsarztes.

Archie zieht ein zweites Papier heraus, das Bein ihm abnimmt. Bein liest es.

BEIN: Ist das echt?

66

Mancher Leute Ohren . . .

... sind verschlossen gegen das Angebot eines größeren Geldbetrages.

Sind sie so argwöhnisch, daß sie ihren Ohren nicht trauen? Oder glauben sie nicht, was sie hören? Oder hören sie nicht, was sie glauben möchten?

Dabei ist Geld doch ein so umwerfendes Argument!

Pfandbrief und Kommunalobligation

Meistgekaufte deutsche Wertpapiere - hoher Zinsertrag - schon ab 100 DM bei allen Banken und Sparkassen

Verbriefte Sicherheit

ARCHIE *gereizt*: Natürlich ist es echt. Ich bin ein Gerichtsarzt, kein Dokumentenfälscher.

BEIN *reicht ihm den Schein zurück und geht beinahe in Habtachtstellung*: Sir Archibald Turner —

ARCHIE: Springer.

BEIN: Sir Archibald Springer, ich muß —

ARCHIE: Nun, ich entnehme Ihrer sonderbar formellen und einigermaßen altmodischen Haltung, daß Sie Ihre Ohren gegen das Angebot eines großen Geldbetrages für geleistete Dienste verschließen.

BEIN: Das habe ich nicht gehört.

ARCHIE: Eben. Andererseits halte ich Sie für einen Mann, der das Gefühl hat, sein wahrer Wert sei noch nicht erkannt. Andere Leute sind avanciert, jüngere Leute, großspurige Leute ... Kommissare ... Polizeichefs ...

BEIN: Daran mag was sein.

ARCHIE: Möglicherweise endet Ihr Ehrgeiz gar nicht einmal bei der Polizei.

BEIN: Ah?

ARCHIE: Herr Inspektor, meine Verbindungen sind nicht allzu groß, aber sie sind exklusiv. Ich kann Ihnen Prestige bieten, die Achtung Gleichgesinnter und fast unbegrenzten Kredit bei Ihren Lieferanten — kurz gesagt, der Lehrstuhl für Theologie steht Ihnen offen.

BEIN: Ein Lehrstuhl für Theologie?

ARCHIE: Nicht jener Lehrstuhl vielleicht, der sich heute im Zentrum des Taifuns befindet, aber eine Professur wird immer noch als Auszeichnung empfunden werden, wenn der Tag eintritt — Anfang nächster Woche höchstwahrscheinlich —, an dem die Polizei ausgekämmt und zu einem bloßen zeremoniellen Deckmantel für die friedenserhaltende Tätigkeit der Armee gemacht wird.

BEIN: Ich verstehe. Nun, bis das passiert, möcht ich immer noch eines wissen: wenn McFee sich in dem Plastikbeutel erschossen hat, wo ist dann der Revolver?

ARCHIE *beeindruckt*: Sehr scharf gedacht! Nach nochmaliger Überlegung kann ich Ihnen den Lehrstuhl für Logik geben, aber das ist mein letztes Angebot.

67

BEIN: Es geht hier um eine britische Morduntersuchung, und ein gewisses Maß von Gerechtigkeit muß mehr oder weniger sichtbar zu bewirken sein.

ARCHIE: Ich muß sagen, Ihre Einstellung ermangelt der Flexibilität. Wie können Sie so sicher sein, daß Frau Moore McFee erschossen hat?

BEIN: Für so was hab ich eine Nase.

ARCHIE: Mit dem besten Willen der Welt kann ich den Lehrstuhl für Logik keinem Mann anbieten, der sich auf nasale Intuition verläßt.

DOTTY *unsichtbar*: Hilfe!

Bein reagiert darauf. Archie hält ihn zurück.

ARCHIE: Schon gut, schon gut — nur Exhibitionismus: was wir Psychiater einen «Hilfeschrei» nennen.

BEIN: Aber es w a r doch ein Hilfeschrei.

ARCHIE: Vielleicht habe ich micht nicht klar ausgedrückt. Jeder Exhibitionismus ist ein Hilfeschrei, aber ein Hilfeschrei an sich ist nur Exhibitionismus.

DOTTY *unsichtbar*: Mord!

Bein reißt sich los und stürzt ins Schlafzimmer.

Das Dunkel bleibt.

Archie blickt auf seine Uhr und geht zum Kücheneingang hin ab.

GEORGE *fährt im Arbeitszimmer fort*: ... während es für Boris Spassky aus eben diesem Grund ein schlechter Tag war ... Ebenso heißt der Satz, das ist ein gutes Schweinskotelett, nicht mehr, als daß nach den Kriterien, die für gleichgesinnte Liebhaber von Schweinskoteletten gelten, dieses beifällig aufgenommen wird. Das Wort «gut» ist auf andere Eigenschaften zurückzuführen wie mager, knusprig gebraten und von jeder Sauce unbeleckt. Sie werden sofort bemerkt haben, daß einem Menschen, der sein Schweinskotelett mit Fett durchzogen, langsam geschmort und mit einer dicken Tunke bedeckt liebt, d i e s e s Schweinskotelett eher reizlos erscheinen wird. Indem sie jedes beliebige Beispiel einer solchen Analyse unterwirft, gibt sich die moderne Schule, an der diese Universität einen so bedauerlichen Anteil hat, damit zufrieden, daß alle Aussagen über gut und böse, gut und schlecht, ob sie sich nun auf Verhaltensweisen oder auf Schweinskotelette beziehen, keine Feststellungen von Tatsachen sind, sondern lediglich Äußerungen von Geschmacksurteilen oder von unabdingbaren Interessen. Wenn wir aber sagen, daß der gute Samariter gut behandelt hat, dann äußern wir sicherlich mehr als ein sich im Kreise bewegendes Vorurteil über menschliches Verhalten. Wir meinen, daß er selbstlos, gütig, gut gehandelt hat. Und worauf gründet sich unsere Billigung der Güte, wenn nicht auf die Intuition, daß Güte einfach an sich gut ist und Grausamkeit nicht? Ein Mensch, der sieht, daß er im nächsten Augenblick seinen Fuß auf einen Käfer setzen wird, der ihm über den Weg läuft, beschließt, entweder draufzutreten oder nicht. Warum? Welcher Vorgang spielt sich hier ab? Und was ist diese rasche, blinde, gedankenlose Verbindung, die ein Mensch herstellt und wieder verliert, der den Käfer nicht gesehen hat, sondern nur das Knirschen hört!

Gegen Ende seiner Rede tritt Archie von neuem auf und findet sich still im Arbeitszimmer ein.

Es entbehrt nicht der Ironie, daß eine Schule, die den Anspruch der Intuition, das Gute auf den ersten Blick zu erkennen, durchaus ableugnet, selbst das Produkt der Pionierarbeit des verstorbenen E. G. Moore in seinen «Principia Ethica» ist, eines intuitionistischen Philosophen, den ich von fern verehrt habe, der aber aus Gründen, die für logische Geister durchaus ausreichen werden, niemals zu Hause war, wenn ich ihn besuchen wollte. Moore hat nicht an Gott geglaubt, aber das werfe ich ihm nicht vor — denn von allen Formen des Wunschdenkens gebührt dem Humanismus die größte Sympathie —, und zumindest durch sein Beharren darauf, daß das Gute eine Tatsache ist, und auf seinem Recht, es auf den ersten Blick zu erkennen, hat Moore sich aus jenem moralischen Niemandsland herausgehalten, das seine Nachfolger erschaffen, wenn sie in der unglücklichen Lage sind, zugeben zu müssen, daß die Vorstellung eines bestimmten Menschen von dem, was gut ist, nicht sinnvoller ist als die eines anderen Menschen, ob er nun der heilige Franziskus ist oder – Rektor!

Denn jetzt hat er Archie im Spiegel entdeckt. Archie kommt nach vorn.

ARCHIE: Ein unpassender Vergleich, wenn ich so sagen darf. Ich bin äußerst tierliebend. *Er hebt Achilles auf.* Wie heißt sie?

GEORGE: Achilles.

ARCHIE: Achilles!... Hübscher Name.

GEORGE: Besonders für eine Schildkröte. Ich habe auch einen Hasen namens Nurmi, irgendwo... Übrigens wollte ich nicht Sie zum Vergleich heranziehen –

ARCHIE: Verstehe schon. Sie wollten sagen, Hitler oder Stalin oder Nero... als Beweis wird immer irgendein wahnsinniger Tyrann genannt, um die neue Ethik ad absurdum zu führen – eine abgegriffene Trumpfkarte der Intuitionisten.

GEORGE *gerät in Harnisch*: Und warum nicht? Wenn ich meine Überzeugung ad absurdum führe, dann stoße ich auf Gott – und das ist heutzutage mindestens so peinlich. *Pause.* Alles was ich weiß, ist, daß ich zu wissen glaube, daß ich weiß, daß aus nichts nichts entstehen kann, daß mein ethisches Gewissen sich von den Regeln meines Stammes unterscheidet und daß mehr an mir dran ist, als man mit freiem Mikroskop erkennen kann – und deshalb bin ich mit diesem unglaubwürdigen, unbeschreibbaren und ausgesprochen unverläßlichen Gott geschlagen, der Trumpfkarte der Atheisten.

ARCHIE: Es war mir immer ein Rätsel, warum religiöser Glaube und Atheismus als entgegengesetzte Haltungen angesehen werden.

GEORGE: Immer?

ARCHIE: Ist mir eben aufgefallen.

GEORGE: Es ist Ihnen also aufgefallen, daß der Glaube an Gott und die Überzeugung, daß Gott nicht existiert, ungefähr auf dasselbe hinauslaufen?

ARCHIE: Die Sache gewinnt in sorgfältiger Formulierung. Religiöser Glaube und Atheismus widersprechen einander hauptsächlich in bezug auf Gott. Was den Menschen betrifft, sind sie sich einig: der Mensch ist die höchste

Form des Lebens, er hat Rechte, er hat Pflichten und so weiter, und es ist im allgemeinen besser, gütig zu sein als grausam. Selbst wenn irgendeine unerforschliche Gottheit hinter alldem stecken sollte, wird unsere Neigung zum Guten oder Bösen offenbar von der Wahl unseres Handelns bestimmt, und das Wählen scheint eine echte menschliche Möglichkeit zu sein. Ja, es ist sogar gewiß eher der religiöse Eifer als der Atheismus, der historisch verhängnisvoll für das Schicksal der Menschheit war.

GEORGE: Ich bin mir gar nicht sicher, daß der Gott der religiösen Bräuche das Objekt meines Glaubens ist. Meinen Sie, es wäre anmaßend, eine neue Gottheit zu prägen?

ARCHIE: Ich sehe keinen Grund dazu. Wenn der einschlägt, würden Sie auch für ihn töten. *Erinnert sich plötzlich:* Ah – ich wußte doch, da war was. – McFee ist tot.

GEORGE: Wie?!!

ARCHIE: Hat sich heute früh im Park erschossen, in einem Plastikbeutel.

GEORGE: Mein Gott! Warum denn?

ARCHIE: Schwer zu sagen. Er war immer ein Pedant.

GEORGE: Aber sich zu erschießen ...

ARCHIE: Ach, er konnte recht gewalttätig sein, wissen Sie ... wir hatten sogar einen wilden Krach gestern nacht – vielleicht hat der Inspektor Sie danach gefragt? ...

GEORGE: Nein ...

ARCHIE: Eine Bagatelle. Er war beleidigt, weil ich von Edinburgh als dem Reykjavík des Südens sprach.

GEORGE *hört nicht zu:* ... wo hatte er die Verzweiflung her ...? Ich dachte immer, das Absolute zu leugnen, hätte nur einen Sinn: die Maßstäbe unverzüglich auf das inkonsequente Verhalten inkonsequenter Tiere herabzuschrauben – so daß nichts mehr je so wichtig sein kann ...

ARCHIE: Einschließlich der Tod, nehme ich an ... das ist ein interessanter Aspekt des Atheismus, als eine Art Krücke für den, der die Realität Gottes nicht erträgt ...

GEORGE *immer noch abwesend:* Ob McFee Angst vor dem Tod hatte? Und wenn, wovor hätte er dann Angst gehabt? Doch nicht vor der chemischen Verwandlung des Stoffes, der sein Körper war. Wahrscheinlich hätte er wie so viele gesagt, daß er sich nur vor dem Sterben fürchte, ja, vor dem physischen Prozeß des Verlöschens. Aber bei mir ist es nicht das Sterben — man weiß, was Schmerzen sind. Ich habe Angst vor dem Tod.

ARCHIE: Übrigens — da sein Vortrag natürlich schon an alle verschickt wurde, muß er weiter die Grundlage des Symposiums bilden.

GEORGE: Ja freilich, ich habe meinen Kommentar dazu wochenlang vorbereitet.

ARCHIE: Wir beginnen mit zwei Schweigeminuten. Das gibt mir die Chance, meinen eigenen vorzubereiten.

GEORGE: Sie wollen erwidern, Magnifizenz?

ARCHIE: Da so wenig Zeit bleibt, sehe ich nicht, wer sonst aushelfen könnte. Ich werde den Vorsitz natürlich abgeben, und wir werden einen neuen Diskussionsleiter wählen, jemand von Rang — er braucht nicht viel von Philosophie zu verstehen. Nur genug, um ein paar Gedenkworte für Duncan zu sagen.

GEORGE: Armer Duncan ... ich stelle mir vor, er wird im Geist dabei sein.

ARCHIE: Wenn auch nur, um dafür zu sorgen, daß die materialistische Richtung anständig vertreten ist.

DOTTY *unsichtbar*: Schätzchen!

Beide reagieren automatisch, halten dann inne und sehen einander an.

GEORGE *und* ARCHIE: Was hat sie?

GEORGE: Woher soll ich das wissen. Sie sind der Arzt.

ARCHIE: Das stimmt.

Archie verläßt das Arbeitszimmer, George geht mit ihm, beide in den Vorraum.

Ich will sie natürlich dazu bringen, sich mir zu eröffnen, aber man kann nicht annehmen, daß sie mir alles sagt, oder gar, daß es die Wahrheit ist.

GEORGE: Na, ich weiß nicht, was los ist mit ihr. Sie ist wie eine Katze auf dem heißen Dach, verläßt ihr Zimmer überhaupt nicht mehr. Sie sagt, im Bett ist sie in Ordnung.

ARCHIE: Ja, da ist was dran.

George *hält sich zurück, gereizt*: Was tun Sie eigentlich da drinnen?

Archie: Die Therapie hat viele Formen.

George: Ich hatte keine Ahnung, daß Sie noch praktizieren.

Archie: Ach ja . . . ein bißchen Jura, ein bißchen Philosophie, ein bißchen Medizin, ein bißchen Bodengymnastik . . . ein bißchen von dem einen und dann ein bißchen von dem andern.

George: Sie untersuchen sie?

Archie: Ach ja, ich hab da gern meine Hand im Spiel. Sie müssen verstehen, mein lieber Moore: wenn ich Dorothy untersuche, dann bin ich weder ein Anwalt noch ein Philosoph. Oder auch ein Turnkünstler. Ach, ich weiß, lieber Freund – Sie denken wohl, wenn ich Dorothy untersuche, dann sehe ich ihre Augen als Kornblumen, ihre Lippen als Rubine, ihre Haut als warmen, weichen Samt – Sie denken, wenn ich ihr über den Rücken streiche, dann bin ich hingerissen von der sanften Linie, die wie eine Meeresbucht von der Schulter zur Ferse läuft – ach ja, Sie denken, vor meinem Geist malen sich reife Birnen, sobald ich –

George *bösartig*: Nein, keineswegs!

Archie: Aber für uns Mediziner ist der Körper nur eine unvollkommene Maschine. Wie für die meisten von uns Philosophen. Und für uns Turner natürlich auch.

Dotty *unsichtbar, eindringlich*: Vergewaltigung! *Pause*. Verge- !

Archie lächelt George an, verschwindet eilig im Schlafzimmer und zieht die Tür hinter sich zu.

Das Schlafzimmer wird hell.

Dotty liegt schluchzend quer auf dem Bett.

Bein steht da wie gelähmt. Ein wildes langsames Lächeln breitet sich über sein Gesicht, während er sich Archie zuwendet, das Gesicht eines Menschen, der fleht: «Es ist nicht, was Sie glauben». Archie tritt langsam ein. In dem Augenblick, da Archie ins Schlafzimmer tritt, um sich dort Bein gegenüberzufinden, stehen der Dermatograph und die Scheinwerfer nicht mehr um das Bett und die Vorhänge sind zurückgezogen, um das Bett freizugeben. Die «Kame-

ra» und Scheinwerfer brauchen überhaupt nicht sichtbar zu sein; sie könnten sich wieder in ihren Kisten befinden, angenommen, daß sie ursprünglich in ein oder zwei Kisten hereingebracht worden sind.

ARCHIE: Tz tz tz ... Herr Inspektor, ich bin starr ... wirklich starr. Welch tragisches Ende einer makellosen Karriere ...

BEIN: ... ich hab sie nicht angerührt –

ARCHIE: Kein Grund zur Verzweiflung. Wir werden uns schon einig werden ...

GEORGE *ist ins Arbeitszimmer zurückgegangen*: Wie zum Teufel weiß man, was man glauben soll?

Langsame Verdunklung im Schlafzimmer.

Die Sekretärin hat den letzten Satz notiert.

Nein, nein – *Überlegt es sich*: Na schön, gut. *Diktiert*: Wie weiß man, was man glauben soll, da es doch sehr schwer ist, zu wissen, was man weiß. Ich behaupte nicht zu wissen, daß Gott existiert, ich behaupte nur, daß er das tut, ohne daß ich es weiß, und wenn ich auch soviel behaupte, so behaupte ich doch nicht, soviel zu wissen: tatsächlich kann ich nicht wissen und Gott weiß, daß ich es nicht kann. *Pause*. Und dennoch sage ich Ihnen: dann und wann, nicht unbedingt beim Anblick eines Regenbogens oder eines neugeborenen Kindes, auch nicht im äußersten Schmerz oder Glück, sondern weit eher, wenn mich ein ganz trivialer Augenblick überfällt – etwa ein kurzer Gruß, den zwei Fernlastfahrer im schwarzen Schneeregen einer gottverlassenen Nacht auf der Autobahn London–Coventry einander zublinken – dann, in diesem Aufblenden-Abblenden-Aufblenden-Abblenden von zwei Scheinwerfern im Regen, in dem irgendeine Gemeinsamkeit sich auszudrücken scheint, die weder tierisch ist noch fernlastfahrerisch, dann, sage ich Ihnen, weiß ich – das klingt ganz nach Witzblatt-Pastor, neuer Absatz, bitte.

Das Licht engt sich zu einem Kegel zusammen, in dem George steht, und löscht Vorraum und Wohnungstür aus, sofern sie nicht schon im Dunkel liegen.

In der Mathematik gibt es einen Begriff, den man Grenzkurve nennt, das ist die Kurve, die man als Grenze eines

Vielecks mit einer unendlichen Zahl von Seiten definiert. Zum Beispiel, wenn ich niemals einen Kreis gesehen hätte und nicht wüßte, wie ich einen zeichnen soll, würde ich dennoch die Existenz von Kreisen postulieren, indem ich sie mir als regelmäßige Vielecke mit zahllosen Ecken vorstelle, so daß ein altes Dreipenny-Stück mit seinen dreizehn Ecken ein hökriger, unvollkommener Kreis wäre, der sich der Vollkommenheit nähern würde, sollte ich die Zahl seiner Seiten immer weiter verdoppeln. Im Unendlichen würde das Resultat jener Kreis sein, den ich nie gesehen habe und auch nicht zu zeichnen wüßte, und der in der Existenz von Vielecken logisch inbegriffen ist. Und ab und zu, nicht unbedingt beim Anblick von Vielecken oder neugeborenen Kindern, sondern weit eher in irgendeinem trivialen Augenblick, scheint mir, daß das Leben selbst jene weltliche Figur ist, die auf Vollkommenheit als ihre Grenzkurve Anspruch erhebt. Und wenn ich daran zweifle, dann scheint die Fähigkeit zu zweifeln, die Frage zu stellen, zu denken, diese Kurve selbst zu sein. Cogito ergo deus est. *Pause.* Die Tatsache, daß ich persönlich in akademischen Kreisen als komische Figur dastehe, verdanke ich hauptsächlich meinem Talent dafür, eine komplexe und logische These in einen Mystizismus von atemberaubender Banalität zu verwandeln. McFee hat diesen Fehler nie gemacht, hat sich niemals dem Risiko ausgesetzt, ein Geheimnis in dem Uhrwerk zu entdecken, hat niemals Ärgernis hervorgerufen oder sich nach Widerspruch umgesehen, und mir tut's leid, daß er dahin ist, aber worüber kann er sich beschweren? McFee sprang und hinterließ nichts als einen leeren Raum.

Ein entzückendes, keineswegs vergewaltigtes Lachen Dottys im Dunkeln. Das Arbeitszimmer wird wieder hell, nur das Schlafzimmer ist verfinstert, während George sein Zimmer verläßt. Dann wird das Schlafzimmer hell. Archie und Dotty sitzen an dem Teewagen und essen sehr zivilisiert. Bein ist fort.

DOTTY: Ich muß sagen, Kartoffelbrei mit Sauce ist doch was sehr Tröstliches.

George *tritt ein, ohne anzuklopfen*: Tut mir leid, Ihre Erhebungen zu stören – *Er blickt sich nach dem Inspektor um*.

Archie *zieht mit geschmeidiger Geste ein Notizbuch im Silberfutteral aus einer Tasche und einen silbernen Bleistift aus der anderen*: Wann wurden Sie sich dieser Gefühle zum erstenmal bewußt?

Dotty *vergnügt*: Ich weiß nicht – ich habe immer schon Kartoffelbrei mit Sauce sehr tröstlich gefunden.

George: Wo ist der Inspektor?

Archie: Die Untersuchungen sind abgeschlossen. Wollten Sie ihn sprechen?

George: Ach nein ... Eigentlich wollte ich ja Sie etwas fragen, Magnifizenz ... wegen des Lehrstuhls für Logik.
George wird durch die Atmosphäre einer Mittagseinladung außer Fassung gebracht. Nichts läßt darauf schließen, daß Dotty oder Archie etwas ungewöhnlich daran finden. Sie essen und trinken weiter.

Archie: Ja?

George: Sie hatten wahrscheinlich noch wenig Zeit, über McFees Nachfolger nachzudenken.

Archie: Die Besetzung des Lehrstuhls für Logik muß natürlich überaus ernsthaft erwogen werden. Wir waren immer eine harmonische Mannschaft, und ich werde mich nach jemand umsehen, der hineinpaßt, jemand mit ein bißchen Schwung.

George: Ja. Na ja, mir schien nur, daß ich als ranghöchster Professor –

Archie: Als ältester –

George: Am längsten dienender –

Archie: Ach ja.

George: Der Lehrstuhl für Logik wird doch traditionsgemäß als ranghöchster angesehen ...

Archie: Nun gut, so ist es. Sie haben Ihren Wunsch hervorgebracht. Aber ich bin nicht sehr glücklich über Ihre Ethik.

George: Ich verlange ja keinen Gefallen –

Archie: Nein, nein, ich meine nur, Ihr Gebiet war ja immer die Ethik – was soll mit der Ethik geschehen?

George: Da besteht kein Konflikt. Meine moralphilosophi-

sche Arbeit war immer auf logischen Grundsätzen aufge-
baut – es könnte gar nicht schaden, wenn der Lehrstuhl für
Logik sich gelegentlich den Aktivitäten des Menschenge-
schlechts zuwenden wollte.

ARCHIE: Ja ... ja ... Aber sehen Sie, der Lehrstuhl für Logik
wird hier als Vorfront philosophischer Untersuchungen
angesehen, und Ihre Stärke ist – wie soll ich mich ausdrük-
ken? – na ja, viele Studenten haben die Vorstellung, Sie
seien der Autor der «Principia Ethica».

GEORGE: Aber der ist doch tot.

ARCHIE: Eben deshalb messe ich dem Irrtum solche Bedeutung zu.

Pause.

GEORGE: Ich verstehe. *Geht zur Tür:* Übrigens, wie nennt Ihr
Psychiater diese Art von Therapie?

ARCHIE: Mittagessen. Ich möchte keine Gewohnheit daraus
machen, Ihnen Stühle zu verweigern, aber Sie werden einsehen, daß ich Sie nicht auffordern kann, sich niederzuset-
zen: ein Psychiater ist wie ein Priester, der die Beichte hört.

DOTTY: Jedenfalls, ich war es nicht.

ARCHIE: Völlige Geheimhaltung, völliges Vertrauen.

DOTTY: Ich hab's nicht getan. Ich dachte, du hast's getan.

GEORGE: Wovon redet sie denn? Wo ist der Inspektor?

DOTTY: Der ist fort. Der Ehrverlust ist ausgeglichen. *Kichert.*

GEORGE: Ohne seine Platte mitzunehmen?

DOTTY: Ach ja, die müssen wir ihm nachsenden. Ich hab sie
ihm mit einer wirklich rührenden Widmung signiert. Hab
vergessen, wie sie lautete, aber sie war wirklich rührend.
*George kann nicht genau sagen, was ihn stört, aber irgend
etwas stört ihn. Er beginnt, zum Badezimmer zu gehen.*

GEORGE: Ich bin überrascht, daß er einfach ... so ... weg ist.
Er betritt das Badezimmer.

DOTTY: Ach ja! «Für Polonius Bein, meinen besten Freund bei
der Polizei.»

GEORGE *unsichtbar, entsetzt:* Mein Gott! *Er kommt aus dem
Badezimmer, weiß und zitternd vor Wut.* Du verdammte
Mörderin! ... Warum hast du kein Wasser in die Wanne
getan? *Er hält einen toten Goldfisch in der Hand.*

77

DOTTY: Ach Gott ... tut mir leid. Das hatte ich vergessen.

GEORGE: Armer kleiner Arch – *Hält sich zurück. Er hebt eine Spur den Kopf:* Um einer Scharade willen ermordet!

DOTTY *zornig:* Ermordet? Komm nur mir nicht mit deiner sentimentalen Rhetorik! Ist doch nur ein verdammter Goldfisch! Denkst du, jeder Sole meunière erreicht dich unberührt von jeglichem Leid?

GEORGE: Der Mönch, der nicht im Garten spazierengehen will, weil er auf eine Ameise treten könnte, muß kein Vegetarier sein ... Es gibt da einen irrationalen Unterschied von rationalem Wert.

DOTTY: Brillant! Du solltest diese Überlegungen an irgendeiner passenden Stelle publizieren, am besten im Fachblatt für Gastronomie.

GEORGE: Deine Replik würde sich gut im «Kleinen Pfadfinder» ausnehmen.

DOTTY: Du aufgeblasenes Ekel! – Der letzte metaphysische Egozentriker. Wahrscheinlich hast du dich noch nicht von der vierhundert Jahre alten Nachricht erholt, daß die Sonne sich nicht um dich dreht.

GEORGE: Wir haben uns alle noch nicht davon erholt. Kopernikus hat unser Vertrauen angeknackt, und Einstein hat es zertrümmert. Denn wenn man nicht mehr glauben kann, daß ein Fünfundzwanzig-Zentimeter-Lineal immer einen Viertelmeter lang ist – wie kann man sich da auf vergleichsweise weniger sichere Behauptungen verlassen, etwa daß Gott Himmel und Erde erschaffen hat ...

DOTTY *trocken, ausgelaugt:* Na, jetzt ist ja alles vorbei. Nicht nur sind wir nicht mehr das unbewegte Zentrum von Gottes Universum, uns ziert auch nicht einmal mehr als einzige sein Fußabdruck im menschlichen Ebenbild ... Der Mensch ist auf dem Mond, und er hat uns als Ganzes gesehen, alle auf einmal, klein ... und lokal ... und alle unsere absoluten Werte, all dies «du sollst» und «du sollst nicht» – wie sieht d a s für zwei Astronauten aus, von denen nur einer sich retten kann? Wie die Sitten und Gebräuche an einem ganz anderen Ort. Wenn dieser Gedanke einmal durchsickert, machen die Leute einfach nicht mehr mit. Es

wird solche … Scherben geben, solches schmatzende Hin-
einbeißen in unreines Fleisch, solches Begehren nach des
Nächsten Ochsen und solches Erkennen von des Nächsten
Weib, solche Entehrungen von Vätern und Müttern und
Kratzfüße vor fleischgewordenen Götzenbildern, solche
Morde an Goldfischen und weiß Gott wem — *blickt tränen-
überströmt auf* — Denn die Wahrheiten, auf die wir ver-
traut haben, die hatten nie zuvor Grenzen, es gab ja keinen
Blickpunkt, von dem aus man sehen konnte, wo ihr Ende
war. *Sie weint.*
Pause.
ARCHIE: Wann wurden Sie sich zum erstenmal dieser Gefühle
bewußt?
DOTTY: Georgie …
Aber George will oder kann nicht …
GEORGE *blickt in die Ferne, nach vorn, gefühllos*: Einen
Freund, den er im Korridor traf, fragte Wittgenstein: «Sag
mir, warum heißt es immer, es sei ganz natürlich, daß die
Menschen annahmen, die Sonne drehe sich um die Erde,
statt daß die Erde sich dreht?» Sein Freund antwortete:
«Na ja, klar, weil es eben so a u s s i e h t, als ob die Sonne
sich um die Erde bewege.» Worauf der Philosoph erwider-
te: «Ja, wie hätte es denn ausgesehen, wenn es so ausgese-
hen hätte, als ob die Erde sich dreht?»
ARCHIE: Unter solchen Bedingungen kann ich wirklich keine
Krankenvisite machen. Setzen Sie sich lieber gleich zu uns.
GEORGE *wendet sich ab*: Nein, danke.
ARCHIE: Doch … das Ding da, was immer es ist, schmeckt
sehr gut als Kasserolle.
DOTTY *mit absichtlicher Rachelust*: Es ist keine Kasserolle. Es
ist gebraten und gespickt.
George erstarrt.
Pause.
Die Türklingel.
GEORGE: Dorothy …
DOTTY: Jemand an der Tür.
*Es ist Crouch, der nur der Formalität zuliebe klingelt, sich
selbst mit seinem Hauptschlüssel die Tür öffnet, auf der*

Schwelle stehenbleibt, als wollte er niemand stören und sich selbst ankündigt: «Crouch».

GEORGE: Dorothy ... Du hast doch nicht ...?

CROUCH: Morgen! *Er schließt die Wohnungstür hinter sich.*

George wendet sich abrupt ab und geht rasch davon, in sein Arbeitszimmer. Im Vorraum kommt er an Crouch vorbei.

Verzeihung, Herr Professor ...

GEORGE *schreit wütend*: Sie holen auch den Müll, wann immer es Ihnen paßt!

Crouch ist vor den Kopf geschlagen.

George geht in sein Arbeitszimmer, läßt die Tür hinter sich offen und fällt in seinen Stuhl.

Die Sekretärin ist geduldig und unauffällig.

Crouch betritt schüchtern das Arbeitszimmer.

CROUCH: Ich komme nicht wegen des Mülls, Herr Professor.

GEORGE: Tut mir leid, Herr Crouch ... tut mir wirklich leid. Ich bin etwas aufgeregt. Das war ein ganz entsetzlicher Tag. *Er tröstet sich mit der Schildkröte.*

CROUCH: Ich versteh Sie gut, Herr Professor. Mich hat's auch aufgeregt. Ich bin nur raufgekommen, um zu sehen, ob ich irgendwas tun kann, ich hab gewußt, Sie werden sich aufregen ...

George sieht ihn an.

Ich hab ihn ja gut gekannt, wissen Sie ... hab mich richtig mit ihm angefreundet.

GEORGE: Wissen Sie's denn?

CROUCH: Ich war doch drin, Herr Professor. Hab die Getränke serviert. Hat mir wirklich einen Schock versetzt, das kann ich Ihnen sagen.

GEORGE: Wer hat ihn umgebracht?

CROUCH: Na, ich könnt's nicht sicher sagen ... ich meine, ich hab einen Knall gehört, und wie ich hinsah, da wälzte er sich auf dem Boden ...

George zuckt zusammen.

... und da war Frau Moore ... na ja —

GEORGE: Ist Ihnen klar, daß sie da drin sitzt und ihn ver-

80

speist?

Pause.

CROUCH: Sie meinen, roh?

GEORGE *zornig*: Nein, natürlich nicht! Gebraten, mit Kartoffelbrei und Sauce.

Pause.

CROUCH: Ich dachte, es ging ihr schon wieder besser.

GEORGE: Finden Sie, ich bin zu sentimental in der ganzen Sache?

CROUCH *entschieden*: Nein, das glaub ich nicht, Herr Professor. Ich finde, das ist eine Angelegenheit für die Polizei.

GEORGE: Die würden mich nur auslachen... Es war sogar ein Polizist da, aber der ist schon wieder fort.

CROUCH: Ja, Herr Professor, ich hab ihn weggehen sehen. Ich dachte mir, das muß einer sein. Sie haben sich wohl gefragt, Herr Professor, wer die benachrichtigt hat?

GEORGE: Nein. Ich habe selber dort angerufen.

CROUCH: Sie sind ein ehrlicher Mann, Herr Professor. Unter diesen Umständen kann ich's ja sagen: ich hab auch angerufen, anonym.

GEORGE: So?... Na, jetzt ist es ja in Ordnung, er ist fort. Großer Wirbel um nichts und wieder nichts. Ich weiß, die wurden ein bißchen übermütig, aber... ich wundere mich über Ihre Prüderie, Herr Crouch... Ein bißchen Wein, Weib und Gesang...

CROUCH: Ja, Herr Professor. Hauptsächlich geht es ja um den Mord an Professor McFee.

Lange Pause.

George sitzt völlig reglos da und verharrt so, blind und taub, während Crouch redet.

Übrigens, Herr Professor... *Hebt die Schildkröte auf.* Sie werden mir ja nicht böse sein, wenn ich's zum Anlaß nehme, aber Sie wissen, das Halten von Haustieren ist bei uns nicht erlaubt – ich kann ja ein Auge zudrücken, was den kleinen Kerl betrifft, aber einmal hab ich hier vormittags ein Kaninchen gesehen, und das kann mich die Stellung kosten – seien Sie mir nicht böse, Herr Professor... *Pause.* Wird Frau Moore – uns verlassen, Herr Professor?

George *erwacht mit einem Augenblinzeln*: Sie ist im Bett und der Doktor bei ihr. Nicht buchstäblich, natürlich.
Kleine Pause.
George springt auf und geht mit großen Schritten ins Schlafzimmer.
Archie und Dotty schauen gelassen auf den Fernseher. Der Wandschirm zeigt an, was sie sehen: die Aufzeichnung von Dottys nacktem Körper.
Crouch *sagt – er ist einen kurzen Augenblick verblüfft, daß sie fernsehen* – Crouch *sagt –*
Archie und Dotty machen «Schsch!» und blicken weiter auf den Fernseher.
George kommt näher. Crouch *sagt – Dann sieht George den Fernseher und den nackten Körper darauf. Er hält inne: vielleicht kommt ihm der Körper bekannt vor. Was geht hier vor?*

ARCHIE: Der Dermathograph, wissen Sie. Alle Arten von Störungen unter der Haut zeigen sich an der Oberfläche, wenn wir lernen können, sie abzulesen, und wir –

GEORGE *schaltet unvermittelt den Fernseher ab, so daß der Wandschirm leer wird*: Sie halten mich offenbar für einen Vollidioten?

ARCHIE: Wie meinen Sie das?

GEORGE: Na, was immer Sie da machen, s i e h t so a u s, als würden Sie...
Pause.

ARCHIE: Na, und wie hätte es a u s g e s e h e n, wenn es a u s g e - s e h e n hätte, als würde ich eine dermatographische Untersuchung von ihr machen?

DOTTY: Was ist denn los, Georgie?

GEORGE: Dotty?...

DOTTY: Mach dir nichts aus Archie – der mit seinen reifen Birnen!

GEORGE: Crouch sagt, McFee wurde erschossen! – Hier – gestern nacht. Er glaubt, Dorothy hat's getan –

DOTTY: Ich dachte, Archie hat's getan. Du hast's doch nicht getan, oder, George?

GEORGE: Crouch sagt – Dorothy – wir spielen jetzt nicht

Scharaden! Crouch sagt, er hat gesehen – um Himmels willen – ich weiß nicht, was ich machen soll –

ARCHIE: Was sagt Crouch, hat er gesehen, George?

GEORGE: Na ja, gesehen hat er eigentlich nichts...

ARCHIE: Eben. Wir wissen es einfach nicht.

GEORGE: Ich weiß viele Dinge, die nicht verifizierbar sind, aber niemand kann mir sagen, daß ich sie nicht weiß, und ich glaube zu wissen, daß der armen Dotty irgend etwas zugestoßen ist und daß die irgendwie McFee umgebracht hat, genauso wie meinen armen Nurmi.

George verläßt das Schlafzimmer, und Archie folgt ihm nach. Das Schlafzimmer wird dunkel. Sie gehen beide ins Arbeitszimmer, wo Crouch an Georges Schreibtisch sitzt, das getippte Manuskript liest und vor sich hin kichert.

CROUCH: – der heilige Sebastian aus Angst gestorben ist! – Sehr gut! *Zur Sekretärin. Überraschend:* Natürlich ist ein Fehler in der Beweisführung: selbst wenn das erste Glied einer unendlich rückläufigen Reihe nicht unendlich klein ist, sondern Null, bleibt das ursprüngliche Problem insofern bestehen, als man das zweite Glied der Reihe feststellen muß, und wie klein das auch sein mag, es muß größer sein als Null – Sie verstehen, was ich meine? Ich gebe Ihnen zu, er hat Russells erste These widerlegt, das geb ich Ihnen zu – der kleinste echte Bruch ist Null – aber –

GEORGE *steht hinter Crouch, reißt ihm das Manuskript weg und prüft es genau, beginnt dabei schon zu sprechen:* Ja, aber Sie verstehen meine These nicht: wenn ich nämlich erwiesen habe, daß das erste Glied – also Gott – der Null entspricht, dann brauche ich mir über das zweite keine grauen Haare wachsen zu lassen – es genügt, daß es das zweite ist – Das müssen Sie doch einsehen?

CROUCH *bescheiden:* Wahrscheinlich haben Sie recht, Herr Professor. Ich meine, bei mir ist es ja nur ein Hobby.

ARCHIE *tritt vor:* Herr Crouch!

CROUCH: Oh, guten Morgen, Magnifizenz...

Die Situation ist wie folgt: Crouch und Archie gehen miteinander redend in den Vorraum. George beschäftigt sich mit seinem Manuskript. Die Sekretärin sieht immer noch

schweigend zu, Notizbuch und Bleistift in Bereitschaft.
Sobald Archie im Vorraum ist, schließt er die Tür des
Arbeitszimmers.

ARCHIE: Ich sehe, Sie sind so etwas wie ein Philosoph, Herr
Crouch.

CROUCH: Ach, so würd ich's nicht nennen, Magnifizenz – ich
hab nur ein bißchen davon aufgeschnappt ... da ein bißchen gelesen, dort ein bißchen geschwätzt, Sie verstehen
schon.

ARCHIE: Besteht nicht darin das akademische Leben? Wen
sehen Sie als Ihren Mentor an?

CROUCH: Das war der verstorbene Professor McFee.

ARCHIE: Wirklich?

CROUCH: Ja, Magnifizenz, das war wohl eine furchtbare
Sache, sein Tod. Natürlich, sein ganzes Leben war ja in
einer Krise, das hat er Ihnen sicher erzählt.

ARCHIE: Ja ...?

CROUCH: Der Kampf der Astronauten auf dem Mond, das hat
ihm den Rest gegeben. Henry, hat er zu mir gesagt, Henry,
ich habe im öffentlichen Leben einen neuen Pragmatismus
philosophisch respektabel gemacht, der sich vielfach
höchst beunruhigend ausgewirkt hat, sowohl hier wie auf
dem Mond. Duncan, sag ich, Duncan, laß dich nicht davon
deprimieren, trink noch ein Döschen Bier. Aber er kommt
immer wieder auf den ersten Käptn Oates zurück, da drau-
ßen in der antarktischen Wildnis, der sein Leben opfert, um
seinen Kameraden eine winzige Chance zum Durchhalten
zu geben ... Henry, sagt er, was hat ihn dazu gebracht? –
Heraus aus dem Zelt und dem Schneesturm in den Rachen.
Wenn Altruismus möglich ist, sagt er, dann ist meine
ganze Beweisführung im Eimer ... Duncan, sag ich, Duncan, mach dir doch deshalb keine Sorgen. Der Lump von
einem Astronauten kriegt zwanzig Jahre Zuchthaus. Ja,
sagt er, ja, kann sein, aber wenn der rauskommt, wird er
merken, daß er seiner Zeit nur um zwanzig Jahre voraus
war. Ich hab in die Zukunft geblickt, Henry, sagt er, und
die ist gelb.
Pause.

ARCHIE: Sie müssen gute Freunde gewesen sein.

*Von jetzt an und während des folgenden Dialogs ist die
Sekretärin die einzige Person, die sich auf der Bühne
bewegt. Sie steht auf. Sie will zum Mittagessen gehen.
Vielleicht hat eine Uhr geschlagen. Sie kommt ganz nach
vorn, um in den Spiegel der vierten Wand zu blicken ...
eine verschlossene, verbissene junge Frau ohne das geringste Lächeln, die in das Publikum starrt.*

CROUCH: Na, er kam ja immer sein Mädchen abholen.

ARCHIE: Sein Mädchen?

CROUCH: Und er war immer etwas zu früh dran, und Professor Moore hat sie häufig länger zur Arbeit dabehalten.

ARCHIE: Professor Moore?

CROUCH: Da hat er eben die Zeit mit mir verbracht ... Werden mir sehr fehlen, unsere kleinen Gespräche. Und für sie
ist es eine Tragödie. Ich sehe, sie macht weiter, stürzt sich
in die Arbeit, die einzige Möglichkeit ... aber nach drei
Jahren heimlicher Verlobung — da muß man schon besonders geartet sein.

ARCHIE: Ja. Warum heimlich?

CROUCH: Er wollte, daß sie's geheimhält, wegen seiner Frau.

ARCHIE: Ach so. Seine Frau wußte nichts davon.

CROUCH: Seine Frau wußte von ihr, aber sie wußte nichts von
seiner Frau. Er hatte schreckliche Angst davor, es ihr zu
sagen, der arme Duncan. Na ja, jetzt kommt er nicht mehr
her. Wär natürlich sowieso nicht mehr gekommen.

ARCHIE: Wie das?

CROUCH: Na klar, er mußte ihr ja alles gestehen und ihr
sagen, daß es aus war — ich meine, wo er doch ins Kloster
wollte.

ARCHIE: Ganz richtig.

CROUCH: Und jetzt ist er tot.

*Die Sekretärin läßt ihre Handtasche mit einem harten Ton
zuschnappen und holt ihren Mantel aus dem Garderobenschrank.*

ARCHIE: Ein schwerer Schlag für die Logik, Herr Crouch.

CROUCH *nickt*: Ich werd nicht klug daraus. Was halten Sie
davon, Magnifizenz?

ARCHIE: Für uns Philosophen, Herr Crouch, ist die Wahrheit immer eine einstweilige Verfügung. Wir werden niemals ganz genau wissen, wer McFee erschossen hat. Das Leben ist kein Kriminalroman, es garantiert keine Lösung — und wenn es eine gäbe, woher wüßten wir, ob wir sie glauben können?

Archie und Crouch gehen zur Wohnungstür hinaus. Auch die Sekretärin ist im Gehen, sie trägt jetzt ihren — weißen — Mantel, der auf dem Rücken einen hellen Blutfleck hat.

George sieht das Blut, während sie das Arbeitszimmer und die Wohnung verläßt.

Im unsichtbaren Schlafzimmer fängt wieder Dottys Platte «Forget Yesterday» — Denk nicht an gestern — zu spielen an.

George wird klar, daß das Blut aus dem oberen Teil des Schrankes, das heißt der Garderobe, gekommen sein muß. Er muß sich auf seinen Stuhl, vielleicht sogar auf den Schreibtisch stellen, um nachzusehen. Er legt Achilles, den er in der Hand gehalten hat, auf den Boden, klettert hinauf, um in den oberen Teil des Garderobenschrankes zu sehen, und zieht aus unsichtbaren Tiefen seinen fehlgeschossenen Pfeil hervor, an dem Nurmi aufgespießt ist. Die Musik spielt immer weiter.

George hält Nurmi am Pfeil hoch und schmiegt sein Gesicht an das Fell. Ein kurzes Schluchzen. Er tritt zurück, hinunter ... ein Knirschen!!!

Er ist auf Achilles getreten und hat ihn zermalmt. Mit einem Fuß auf dem Schreibtisch — oder Stuhl — blickt George zu Boden, hebt dann den Kopf hoch und schreit —

GEORGE: Dotty! Hilfe! Mord! ...

George fällt zu Boden. Das Lied ist weiter hörbar. Der Vorgang, mit dem die Szene ursprünglich aufgeblendet wurde, wird jetzt zurückgespult. Georges letzte Schluchzer werden verstärkt und bis in den Anfang der Coda hinein wiederholt.

ENDE DES ZWEITEN AKTES

CODA

Das Symposium — in bizarrer Traumgestalt.
Crouch ist der Diskussionsleiter.
Drei Saaldiener (Springer) sitzen vor Crouchs erhöhtem
Podium. Sie tragen gelbe Roben.
Von Beginn an werden farbige Kirchenfenster auf den Hinter-
grund projiziert, wo sie bleiben. Das Schluchzen verebbt
langsam. George liegt reglos da.

CROUCH: Nun, meine Herren, das waren ungefähr zwei unge-
fähre Schweigeminuten. Ich denke, wir können mit unseren Einführungsreferaten beginnen. «Der Mensch — gut,
schlecht oder gleichgültig» — Sir Archibald.
SAALDIENER: Sir Archibald Springer!
ECHO: Sir Archibald Springer.
George bleibt unbeweglich.
Riesiger Beifall für Archie, der unrealistisch abgeschnitten
wird.
ARCHIE: Herr Crouch, meine Damen und Herren. «Der
Mensch — gut, schlecht oder gleichgültig?» In der Tat,
wenn Mond irrer Herdentrieb, ist Gott-Papa Folgerung? —
ein anderer Aspekt: wenn Clowns in Laune, ist Sünde ver-
wandte oder verbannte Güte, vielleicht? Drittens: aus dem
Äther, verstreute Kern-Frage Attes-Tikel oder auch nicht
universagenhaft, um nur einen zu nennen — viertens: wenn
das notwendige Wesen nicht ist, sicherlich doch Mutter der
Erfindung, wie Voltaire sagte, nicht zu reden von Darwin
unterschieden vom Ursprung der Arten — zusammenfas-
send: Über — sowohl natürlich, wie aber — sowohl gläu-
bisch, sexuell ergo cogito à go-go manchmal, wie Descartes
sagte, und wer sind wir? Danke.
Tosender Beifall.
Die Saaldiener heben Nummernkarten hoch: «9.7» —
«9.9» — «9.8»

Man rufe den Erzbischof von Canterbury.

Der Ruf wird von anderen Stimmen aufgegriffen. Der Auftritt des Erzbischofs wird von Musik begleitet. Er erscheint, gekleidet wie für eine Krönung und gefolgt von zwei gelbgekleideten Kaplänen (Springern), die sich vorn aufstellen und ins Publikum starren.

SAALDIENER *zum Erzbischof*: Nehmen Sie das Buch in Ihre rechte Hand und lesen Sie, was auf der Karte steht.

ERZBISCHOF *liest die Nummernkarte*: Neun.

ARCHIE: Hohes Gericht, es mag dem Gericht Zeit ersparen, wenn ich sogleich erkläre, daß Seine Eminenz gewisse Zweifel an der Existenz Gottes hegt und den Eid nicht abzulegen wünscht. Sie sind Samuel Clegthorpe, Erzbischof von Canterbury?

CLEGTHORPE: Zur Strafe für meine Sünden.

CROUCH: Wie meint er das?

ARCHIE: Ich glaube, er hat auf einen Ministerposten gehofft, Hohes Gericht ... Eure Eminenz, wir sind hier zusammengekommen, um über den Menschen als gutes, schlechtes oder gleichgültiges Wesen zu diskutieren. Als höchster Kleriker der anglikanischen Hochkirche haben Sie zweifellos tief und lange darüber nachgedacht.

CLEGTHORPE: Na ja, bis vor kurzem habe ich mich hauptsächlich für die Vögel in der Luft und die Tiere auf dem Felde interessiert — Krähen, Dachse, Kaninchen — und so weiter.

ARCHIE: Gewiß. Aber ich glaube, Sie sind sich darüber klar, daß im Lande große Unsicherheit herrscht. Der Boden wankt unter unseren Füßen. Das einfache Volk blickt auf Sie um Rat und Hilfe.

CLEGTHORPE: Ja. Meine Kapläne mußten schon Tränengas verwenden, um die Leute auseinanderzutreiben. Meiner Meinung nach handelt die Regierung überstürzt.

Die Kapläne drehen sich um, um ihn anzusehen.

ARCHIE: Sollte man das nicht der Regierung überlassen?

CLEGTHORPE: Sie schrien: «Gib uns das Blut des Lammes. Gib uns das Brot von Christi Leib» —

ARCHIE: Kann man kaum eine vernünftige Bitte nennen.

CLEGTHORPE: Aber sie gehen nicht weg! ... Im Glauben an

den Menschen müßte doch Platz sein für den Glauben des Menschen . . . ?

Hinter ihm stehen die Saaldiener auf.

ARCHIE: Herr Erzbischof, die Katze ist bereits aus dem Sack.

Die Kapläne machen verkehrte Purzelbäume zur Mitte der Bühne und reihen sich jetzt zu beiden Seiten von Clegthorpe auf — sie können auch Räder schlagen, wenn das einfacher ist.

Keine weiteren Fragen.

CLEGTHORPE: Nun, ich möchte nur eines sagen — ich sehe es nicht gern, daß meine Herde im Garten meines Palastes zu Lambeth weint —

ARCHIE *scharf*: Mein Herr Erzbischof, als ich das letzte Mal in Lambeth war, sah ich schöne Erdbeeren in Eurem Garten — ich bitte Euch, schickt nach ihnen.

Saaldiener und Kapläne treten einen Schritt vorwärts.

CLEGTHORPE: Ja, gut, aber Sie müssen meine Lage verstehen — ich meine, jetzt, wo ich tatsächlich Erzbischof von Canterbury bin —

ARCHIE: Will niemand mich von diesem störrischen Priester befreien!

Von beiden Seiten der Bühne springt, von Trampolins hinter der Bühne abgestoßen, je ein gelber Springer auf die Mitte der Bühne. Beide landen zusammen vor Clegthorpe, während der erste Takt der Einleitung von «Sentimental Journey» erklingt.

Die sieben Springer (d. h. zwei Kapläne, drei Saaldiener und die letzten zwei) sind jetzt eine Einheit, die im Takt zur Musik die Drohung gegenüber Clegthorpe choreographisch ausspielen.

George beobachtet sie, bewegt sich zögernd.

Was nun folgt, sollte weniger lange dauern, als es hier beschrieben wird: die Springer und die Musik halten gemeinsam den Rhythmus. Die Gruppierungen der Springer wechseln, und in sechs einzelnen Abschnitten wird Clegthorpe zur Hinterbühne geschoben, bis er, als Teil einer Pyramide von Springern, auf Crouchs Schreibtisch steht.

GEORGE: Zur Geschäftsordnung, Herr Vorsitzender.

CLEGTHORPE: Herr Professor – das geht doch nicht. George – Hilfe!

CROUCH: Haben Sie irgendwelche Fragen an diesen Zeugen, Herr Professor?

GEORGE: Äh – nein, ich glaube nicht.

CROUCH: Danke.

Die Musik wird lauter.

GEORGE: Na, das scheint doch ein politischer Streit zu sein ... Da kann gewiß nur eine wirkliche Achtung vor absoluten Werten helfen ... vor universellen Wahrheiten – der Philosophie –

Ein Revolverschuß. Er schneidet die Musik ab und wirft Clegthorpe aus der Pyramide, die zerfällt. Nachdem alles still geworden ist –

ARCHIE: Man rufe Dorothy Moore!

Alles erwacht eifrig zum Leben: laute Musik bringt auch die Springer wieder auf die Beine. Auf dem Wandschirm wird ein glitzernder Sternenhimmel sichtbar. Die Musik besteht aus der Einleitung zu «Sentimental Journey», und Dottys Auftritt vollzieht sich auf einem funkelnden Sichelmond ... die Springer werden nun zu ihren Tänzern.

SPRINGER *singen*: Man rufe Dorothy Moore, man rufe Dorothy Moore.

DOTTY *singt*: Hör ich euch rufen, sagt ihr mir warum?
Träum ich, sing ich oder bin ich stumm?
Zeigt mir, wo mein Platz ist, und ich dreh mich
Nicht mehr um.

Hier ist mein gewissenhafter Vorschlag:
Zwei und zwei sind viere nur
Meine Herren, das ist meine Lage
Ganz respektvoll, Dorothy Moore.

Menschen sind nicht, wie Sie meinen
Das weiß ich schon lange Zeit,
Ganz bezaubernd wollen sie mir scheinen
Niemals fand Gleichgültigkeit.

90

Himmel, kann ich an den Himmel glauben?
Ist ein Ort für sanfte Tauben,
Hundert Geigen fiedeln Liebesglück,
Ich denk zurück,

An die frohen Tage, als ich anfing,
Einen Song zu singen verstand,
Bis zur Nacht, da alles schiefging —
GEORGE *schreit*: Halt!
Alles erstarrt.

Eine beachtliche Anzahl anscheinend intelligenter Menschen kann nicht begreifen, daß eine andere Gruppe anscheinend intelligenter Menschen sich zu einem Wissen um Gott bekennt, wo doch der gesunde Menschenverstand ihr — der ersten Gruppe anscheinend intelligenter Menschen — sagt, daß ein Wissen nur bei solchen Dingen möglich ist, die als wahr oder falsch erwiesen werden können, wie etwa, daß der Zug nach Bristol vom Bahnhof in Paddington abfährt. Und doch werden dieselben anscheinend intelligenten Menschen, die in extremen Fällen nicht einmal zugeben wollen, daß der Zug nach Bristol gestern von Paddington abgefahren ist — was ja ein böswilliges Gerücht sein kann oder eine allgemeine Gedächtnistäuschung —, oder daß er morgen von dort abfahren wird — denn nichts ist sicher —, und sich nur darauf einlassen, daß er heute dort abgefahren ist, wenn sie tatsächlich dabei waren, als er die Station verließ — und selbst dann nur unter der Voraussetzung, daß alle beobachtbaren Phänomene im Zusammenhang damit, daß der Zug Paddington verließ, genausogut bedeuten könnten, daß Paddington den Zug verließ — diese selben Menschen also werden gleichwohl, und ohne sich eines inneren Widerspruchs bewußt zu sein, behaupten zu wissen, daß das Leben besser ist als der Tod, daß Liebe besser ist als Haß und daß das Licht, das durch das Ostfenster ihrer verdammten Turnhalle scheint, schöner ist als ein Kübel Unrat — zu welchem Beweise ich Sie bitte, meine Herren Geschworenen, die Aussagen solcher Zeugen zu berücksichtigen wie der heilige Leibniz, Sankt Thomas

Augustinus, Jesus Moore und mein verstorbener Freund, der verstorbene Herr Nurmi, der so unschuldig war wie ein Regenbogen ...

ARCHIE: Verzweifelt nicht – viele sind die meiste Zeit glücklich; mehr haben zu essen, als hungrig sind, mehr sind gesund als krank, mehr können geheilt werden als sterben müssen; nicht so viele sterben, wie bereits tot sind; und einer der beiden Diebe wurde errettet. Gottes Blut und alles ist gut, der Satan ruht – die halbe Welt liegt mit sich im Frieden, die andere Hälfte auch; große Gebiete sind noch nicht verseucht; Millionen von Kindern wachsen auf, ohne Entbehrungen zu erleiden, und Millionen anderer, die Entbehrungen erleiden, wachsen auf, ohne grausam behandelt zu werden, wachsen nichtsdestoweniger auf. Wer lacht, ist nicht traurig, und viele weinen vor Glück. Am Rand des Grabes zieht der Leichenbestatter den Zylinder und schwängert die Hübscheste unter den Trauergästen. Bim bam, danke Sam.

Das Licht hat sich zu einem Spot auf Dotty zusammengezogen.

DOTTY singt ohne Musik: Sein Schmerzensliedchen –
o Mond
für mich und mein Lieb.

Verdunklung.

modernes theater

James Baldwin
Blues für Mr. Charlie / Amen Corner
Zwei Schauspiele [1385]

Bertolt Brecht

Der Jasager und der Neinsager /
Die Maßnahme / Die Ausnahme
und die Regel / Die Rundköpfe
und die Spitzköpfe / Das Badener
Lehrstück vom Einverständnis
Lehrstücke [889]

Die Mutter
Ein Stück [971]

Rolf Hochhuth

Der Stellvertreter
Ein christliches Trauerspiel [997]

Soldaten
Nekrolog auf Genf. Tragödie
[1323]

Guerillas
Tragödie in 5 Akten [1588]

Die Hebamme
Komödie [1670]

Lysistrate und die NATO
Komödie [dnb 46]

Siegfried Lenz
Die Augenbinde. Parabel / Nicht
alle Förster sind froh. Ein Dialog
[1284]

Harold Pinter
Alte Zeiten / Landschaft / Schweigen. Drei Theaterstücke [dnb 20]

Jean-Paul Sartre
Die Fliegen / Die schmutzigen
Hände. Zwei Dramen [418]

Die Eingeschlossenen
(Les Séquestrés d'Altona) [551]

Bei geschlossenen Türen / Tote
ohne Begräbnis / Die ehrbare
Dirne. Drei Dramen [788]

Johannes Mario Simmel
Der Schulfreund
Ein Schauspiel in zwölf Bildern.
Mit 19 Fotos [642]

Tom Stoppard
Akrobaten (Jumpers)
Schauspiel [1678]

Peter Weiss
Die Ermittlung
Oratorium in 11 Gesängen [1192]

Erzählungen großer Autoren unserer Zeit in Sonderausgaben

JAMES BALDWIN · Gesammelte Erzählungen

GOTTFRIED BENN · Sämtliche Erzählungen

ALBERT CAMUS · Gesammelte Erzählungen

TRUMAN CAPOTE · Gesammelte Erzählungen

ROALD DAHL · Gesammelte Erzählungen

ALFRED DÖBLIN · Gesammelte Erzählungen

ERNEST HEMINGWAY · Sämtliche Erzählungen

KURT KUSENBERG · Gesammelte Erzählungen

D. H. LAWRENCE · Gesammelte Erzählungen

HENRY MILLER · Sämtliche Erzählungen

YUKIO MISHIMA · Gesammelte Erzählungen

ROBERT MUSIL · Sämtliche Erzählungen

VLADIMIR NABOKOV · Gesammelte Erzählungen

JEAN-PAUL SARTRE · Gesammelte Erzählungen

JAMES THURBER · Gesammelte Erzählungen

JOHN UPDIKE · Gesammelte Erzählungen

THOMAS WOLFE · Sämtliche Erzählungen

Rowohlt Verlag

367/13